*Gerd Spiekermann* wurde 1952 in Ovelgönne/Wesermarsch geboren. Er studierte Romanistik und Politologie in Marburg und Rennes (Frankreich), absolvierte sein Referendariat in Wilhelmshaven und leistete anschließend Zivildienst in einer Hamburger Werkstatt für psychisch Kranke. Gerd Spiekermann war von 1985 bis 2015 Redakteur für Niederdeutsch bei NDR 90,3 in Hamburg. Seit 1988 ist er regelmäßig in der NDR-Sendereihe „Hör mal `n beten to" zu hören. Eine Vielzahl seiner Geschichten und Erzählungen liegen in Büchern vor und Live-Mitschnitte seiner Lesungen sind auf Hörbüchern zu finden. Für seine Erzählungen wurde er mehrfach mit literarischen Preisen ausgezeichnet.

Gerd Spiekermann

# Oma ehr Schötteldook

Quickborn-Verlag

Die plattdeutsche Schreibweise des Autors
ist unverändert übernommen worden.

ISBN 978-3-87651-452-9


Umschlagfoto: Gerd Spiekermann
Umschlaggestaltung: Gunter Pump, Nordhastedt
Gesamtherstellung: CPI books GmbH, Leck
*Der Umwelt zuliebe*
*auf chlorfrei gebleichtem Papier gedruckt*
Printed in Germany

## Inhalt

## Wat ick nich utstohn kann

Ick weet ja nich, of Jo dat ook so geiht, doch ick koom in Rage, wenn ick överriepe Tomoten eten schall. Annerletzt bi mien Swegerollern. Ovendsbrottiet. Wust, Kees, Heringssolot – un denn fief Tomoten up'n Disch, wegen de Gesundheit, gloov ick. Dat is denn de Gemüseandeel oder so. Ick denn ja ran an de Gesundheit – un dor spöör ick dat al: de Tomoot is överriep. Unner de Huut is blots Woter, vermengeleert mit de Reste von de Keerne. Kien fast Fleesch mehr, nee, blots sliemerig Matsch. Wenn ick dor nu mit't Mest rinsteken do, de pprrhhh! löppt dat gröönrode Woter up mien Teller. Muß een egentlich mit'n Löpel ran – Tomoten mit'n Löpel! Un wenn du denn Slabberkroom so enigermoten doolkregen hest, den blifft doch jümmers dat Teller natt. Stell di vör, du wullt di nu noch een Swattbroot mit Kees smeren – un von ünnen sabbst dat Tomotenwoter dör...

Ick mag ja ook Eier nich eten, de blots halfgoor kookt sünd. Sleist den Kopp af un dat glibbert noch so. Gifft Lüüd, de Eier nich anners verdräägt – ick nich. Ook towedder sünd mi Bockwust, de blots half heet sünd. Buten warm, binnen lau. Gräsig. Oder Kartuffeln, de twee Minuten to fröh afgoten wurrn sünd. Is dat Middageten för mi lopen.

Ick kann ja ook kole Klosetts nich utstahn. Doch wo

foken heff ick dat al beleevt: Heizung up Null un dat Finster speerangelwiet open. Ja, wegen de frische Luft. Avers sick den Mors affreren, dat will doch ook nüms. Un wenn denn up so een Klosett ook noch nix to'n Lesen liggt, denn wurd ick ja an'n leefsten wedder na Huus gohn.

Ick mag ja ook kien Höhnerfrikassee. Eerstigmool is mi dat to ungenau, dat Fleesch. So as bi een överriepe Tomoot is dat. Mol hest een fast Stück Fleesch to foten, denn so'n Stück pickelige weke Huut von'n Steert – bah – un denn ward ja so Frikassee foken mit Mehl andickt, andickt, dat klappt overs nich jümmers, lütte Mehlklüten swemmt denn in de Sauce – huuhhhh! – un denn gifft't dor ook noch Ries to, witten Ries, bi den de Huusmann oder de Huusfro dat Solt vergeten hett. Baaahhhhh!

Ick kann dat ja ook nich utstohn, wenn in'n Sommer Mannslüüd korte Büxen dräägt un dorto Sandalen mit Strümp an. Wenn sick an de Been so blaue halflange Socken no een khakifarben Büx hoochtreckt, nee, dat süht jümmers so ut, as harr de Keerl morgens bi't Antrecken een Kledungsstück vergeten.

Ick mag ja ook kien warm Beer drinken. Mien Swegervadder bütt mi jedesmol, wenn wi koomt, een Buddel Beer an – ut'n warmen Keller. Begriep ick nich. Ja, wegen den Mogen, segg he denn. Dat is nich gesund, dat kole Beer so dooltostorten – ja, denn schall he doch warme Melk direkt von de Koh drinken.

Dat kann ick ook nich begriepen. Wi harrn ja fröher

een poor Keuh. Un bi't Melken kemen jümmers so Spaziergängers an't Heck un frogen, of se nich een däägten Sluck Melk kriegen kunnen. Ick heff ehr denn de Melk direkt in den Kannendeckel rinstrippt – he oder se heel denn mit de Fingers de Locker von den Deckel dicht – un denn hebbt se de piwarme Melk drunken – ut'n Deckel. Gifft Lüüd, de sünd sick för nix to schood.
Ick mag ja ook kiene Rootwust eten – un fette Sült ook nich. Vadder weer ja Slachter – un sietdem koom ick dor nich mehr ran. Dat slimmste avers blifft dat Höhnerfrikassee, sünnerlich, wenn dor ook noch lütte Knokenstücken in sünd, un dorto denn viellicht noch een lütten Teller mit överriepen Tomotensolot, een Buddel kellerwarm Beer un toletzt up't ieskole Klo noch nich mol wat to'n Lesen.
Wenn dat all tosomenkomen deit, denn seggt mien Fro meist to uns Gastgevers: Gerd hett hüüt een langen Dag hatt, nehmt uns dat man nich för övel, overs wi mööt nu na Huus.
Man goot, anners wurd ick viellicht noch eens Daags bi socke Lüüd allens kort un kleen hauen. Ji kennt mi nich, doch dat krieg ick klor.

## Oma ehrn 80sten

Ick heff mi ja al jümmers bannig vör Geschichte interesseert – Heimatgeschichte – find ick spannender as Cäsar oder Korl den Groden, denn ick heff nu ook rutkregen, worum dat up Oma ehrn achtzigsten Geburtsdag Swiensbroden mit Arfken un Wuddeln to Middag geven hett un nich Rouladen mit Rotkohl, wat wi egens wullen.

Dat keem so: wi sitt tosomen un berootsloogt, wat dat an Oma ehrn Ehrendag to Middag geven schall. 20 Lüüd wullen komen – de kunnen wi in de Stuuv ünnerbringen. De Kinner eet in de Kööк. För soveel Lüüd koken, dat güng ja nu nich, dorum wurd dat Eten bi den Kröger bestellt. Schull bestellt warrn.

Vadder denn to mi: Nu goh los un segg den Kröger, he schall to Oma ehrn Geburtsdag för twintig Lüüd Rouladen mit Rotkohl bringen.

Allens klor. Ick denn ja los. Up de Stroot droop ick Fründ Peter mit sien Mudder.

Na, wo wullt du denn hen?

No'n Kröger, twintigmol Rouladen mit Rotkohl bestellen.

Och, seggt Peter sien Mudder, ick mööt so un so in de Richt.

Speel du man mit Peter. Ick övernehm dat.

Se geiht los un droppt Minna Meyer un vertellt ehr von dat Eten.

De: Wat Rouladen? Oma Spiekermann, de kann dat swore Rindfleesch doch gor nich goot verdrägen. De Jung hett sick versehn, de hefft seker Goulasch half un half meent. Ick snack mol mit den Kröger.

Un se geiht weg, un löppt foors Bertha Büüs in de Mööt:

Wat Goulasch – up'n achtzigsten Geburtsdag? Nee, 'n

schönen Kasslerbroden hööṙt up'n Disch – un dor Kartuffelbree to, denn fallt ook dat Bieten nich so swoor. Ick kürnmer mi dor um. Goulasch, peh.
Bertha Büüs besnackt dat denn mit Olga Geers:
Wat Kassler? Oma Spiekermann kann doch so rökerten Kroom nich af. Hest du dat nich wußt? Dat verdarvt ehr denn ganzen schönen Dag.
Ja, wat nehmt wi denn?
Na, Wild. So Snippelkroom von't Reh to'n Bispill. Zoort Fleesch. Lecker, segg ick di. Ook goot to bieten. Ick snack mit den Kröger.
Olga Geers kümmt bi den Kröger an un vertellt em dat:
Wild, för twintig Lüüd, heff ick nich. Doch ick segg di wat: Schönen mogeren Swiensbroden, dor denn Kartuffeln mit Arfken un Wuddeln to. Dor köönt wi nix mit verkehrt bi moken.
Un so is dat komen, dat wi Swiensbroden eten hefft.
Wo ick dat rutkregen heff?
Dat is Heimatgeschichte, dor löppt dat so.

## Opa

Up 312 schall Opa liggen.
Dat sünd dree Treppen hooch, un denn is dat foors linkerhand. Ankloppen nich vergeten. Kann ja ween, de Doktor is just binnen.
Of he mi woll kennt?
Is ja nu al dree Doog her, dat he dor so leeg bi de

Trepp. No'n Böhn wull he hooch un is henfullen. Eenfach so hensloon is he.

Un ick heff em funnen.

Söchst du wat, Opa?
Nee, he söch nix. He wuß nich, worum he dor so an de Grund leeg, he vergeet allens, wat just even passeert weer. Keem Besöök, ole Frünnen, ja, denn kunn Opa vertellen, von fröher, wo he mol in Hannover ween weer, mit de Iesenbohn, versteiht sick. Un denn no Bremen, jo, dat güng um dat Schipp, wo sien Broder up fohren dee. Den wullen se afholen. Negen Monoot weer de weg ween. Von de Gangway ut harr he ehr al towunken. Un denn 43 no Hamborg, de beiden Deerns afholen. De schullen nich ook noch unner de Bomben komen. Un denn güng de Besöök wedder weg, un Opa wuß nich mol mehr, wat för Lüüd even bi em in de Stuuv ween weern. Doch he spöör dit Lock, dissen swarten Placken, un dorum froog he gau, wo loot dat weer, un ook dat vergeet he gau wedder un froog nochmol un nochmol, all twee Minuten wedder. Dat wurd Oma denn bold toveel un se snau em an.
Un denn weer he still.
Doch wat heff ick nich allens mit em beleevt, as ick so wat bi veer/fief Johr oolt weer. Do hett he mi mitnohmen up sien Rad. Wi sünd den Kleihweg doolfohrt no de Wisch, wo de Keuh lepen. Un de Beester sehen uns al von wieden komen un stunnen bi dat

halvverfullen Heck. Doch eerst mussen wi an den Bohoff vörbi. Dor leep jümmers so'n lüttjen Pliffer, de achter Opa sien Rad anjachtern dee. Un he bleek as för dull. Ick seet up de Stang un heel mi mit beide Hannen an den Lenker fast, bang, de Hund kunn mi woll in de Hacken bieten.

Opa sä denn jümmers: „Du möößt mit em snacken. Du möößt seggen: 'Guter Polli, beiß mich nicht!', Schaßt mol sehn, denn deit he dat ook nich."

Un ick sä denn ook ganz liesen: „Guter Polli, beiß mich nicht." Do is de Hund denn afdreiht un wedder na Huus lopen.

Dat Heck weer mol wedder twei. Opa weer overs en Klüterer. He harr jümmers een Tabaksdöös mit Nogels in de Tasch, Un een lüttjen Homer sleep he ook foken mit. Doch de Keuh harrn sien Fiickkroom meist no twee Doog al wedder wegbroken. Eenmol harrn se dat ganze Heck rutreten, un all Keuh weern ut de Wisch lopen. Een Nover hett Bescheed seggt. Wi beiden denn ia loos up't Rad un wullen de Beester wedder infangen. Wi susen man so an den Bohoff vörbi. De Hund hett uns nich mol sehn. Ick je gau dool von't Rad un heff de Keuh wedder no de Wisch dreven. Opa kunn dat ja nich, denn he harr ja man blots een Been. Mit sien Holtbeen kunn he woll radfohren, doch dat Lopen un Springen övern Groven, dat gung nich mehr. Dat heff ick denn doon. Un as wi nohst wedder no Huus kemen, do hett Opa seggt:

„Wi hefft de Keuh wedder infungen'" Dat weer wat.

Meist jeden Dag heff ick bi Opa up'n Schoot seten, up sien Holtbeen, un denn hefft wi ut't Finster keken, up den Appelboom un de Höhner, un wiet achtern in de Feernte, dor leep de Snellstraat. Doch no'n halve Stünn weer mi dat to hart up dat Holtbeen.
„Opa, loot mi up dat gode Been."
Un denn rümen wi de Kökendischschuuvlood ut, wedder mol, un Oma stund an't Füür un kook Eten, un de Klock an de Wand gung een Viddelstünn vör. Oma wull dat so.

Opa liggt dor un kickt de witte Zirnrnerdeek an. Sien Bett hett twee grode Planken an de Siet. Se hefft em de Hannen an't Bett fastbunnen. Sien Ogen sünd glosern. Sien Gesicht lett so infullen. Roseert is he ook nich. Un he hett kien Mutz up. Opa hett jümmers so'n blaue Schirmmutz up. Nu seh ick sien witten Hoor un een lüttje kohle Stee boben up'n Kopp. Heff ick vörher nie sehn.

„Oberschenkelhalsbruch."

Oma meen ja partout, Opa schull de schietige Büx uttrecken. So kunn he ja woll nich in't Krankenhuus komen. Un do hefft Vadder un ick versöcht, em de Büx uttotrecken. Opa wull dat nich. Dat dee em weh. Overs Oma geev nich no.

Nu seh ick dat: sien gode Been hefft se em boven verbunnen, dick mit witt Verbandstüüg un denn verploostert. He liggt ganz still. Hett mi gor nich komen hòört.

„Opa..."
Ja, he hett mi wedderkennt.
„Binn mi los."
„Dat dröóv ick nich."
„Binn mi los."

„He hett dumm Tüüg mookt hüüt Nacht", seggt de Bettnover. „He is ut't Bett stegen un denn up Kneen dör't ganze Zimmer robbt. Un ut mien Schuuvlood hett he de Rietsticken rutnohmen un hett de ünner de Betten ansteken. Un 'Deckung!' hett he ropen un 'Helpt mi! Loot mi hier nich alleen liggen. Mien Been! Mien Been!'. Do heff ick de Nachtswester pingelt, doch de hett em nich ünner dat Bett wegkregen. De Doktor muß dor her. De hett em denn een Sprütt geven. Mit twee Mann hefft se em in't Bett drogen un foors anbunnen. He hett denn nix mehr seggt. Un wi kunnen endlich wiederslopen."

„Wo loot is dat?"
„Glieks halv veer, Opa."
„Hool dat Rad man al rut, wi mööt glieks no de Wisch."
„Hmmm"
„Kannst du mi roseern?"
De Roseerapparoot liggt in de Schuuvlood. He freut sick, dat he wedder schier is. Blots ünnen an'n Hals,

dor deit em dat weh. Ick föhl sachten un spöör twee Bulen. Wat mag dat ween?
„Nich anfoten."
Un denn wedder:
„Wo loot is dat?"
„Kort no halv veer, Opa."
„Halv veer. De Keuh, wi mööt no de Keuh."
„Ick mook dat Opa, bruukst di kien Gedanken um to moken."

Den tweden Dag liggt he noch just so dor. As ick em roseer, mark ick, dat de Bulen noch dicker wurrn sünd. He treckt den Kopp weg, as ick em beföhlen will, un he ritt mit de Arms. Doch he is ja noch anbunnen. Dat Eten steiht noch up sien Nachtdisch. Of se em...? Eenmol froogt he mi no de Tiet, denn kickt he blots noch de Zimmerdeek an.

As ick em den annern Dag besöken will, is sien Bett weg.
„Se hefft em rutschoven. Froog man de Swester."
Ick schuul mi weg. Langsom de witten Krankenhuus-fluren langs no buten.
Foken denk ick, he is gor nich doot. Nee, he fohrt mit sien Rad över Land, flickt ole tweie Hecken, un he hett den lüttjen Jung vörn up de Stang sitten. Kümmt een Hund anbleken, denn seggt he: Du möößt mit em snacken. Du möößt seggen: Guter Polli, beiß mich nicht. Schaßt mol sehn, denn deit he dat ook nich.

Un ganz liesen hōōr ick denn de Stimm von den Jung: Guter Polli, beiß mich nicht.
Un in den Ogenblick dreiht de Hund af un löppt no Huus.

## Heff di man nich so!

Ick heet Gerd Spiekermann un ick koom ut Ovelgunn bi Braak. Mien Öllern harrn dor een Weertshuus – mit Freteree, as Vadder jümmers sä. Middoogsdisch för Schoolmester un Angestellte von de Fabrik. Strick- und Wirkwaren, up düütsch: hier wurrn witte Ünnerbüxen mookt. Weiß – Feinripp. Dat slimmste weer för us Kinner de Moondag, wenn wi von de School kemen, denn mussen wi alltiet den upgewarmten Kroom von Sonndag eten. Sonndag weer wunnerbor, aver Moondag weer't de Höll. Moondoogs harr Mudder meist nich veel Tiet un denn warm se blots up. Sonndag geev't ja foken Broden, Swiens- oder Rinderbroden, dor Kartuffeln mit Sauce un Rootkohl to. Dat geev't moondoogs ook, blots dat keem nu ut enen Pott. Ut den groden dunkelblauen Brodenpott. Dor leeg noch een lütt Stück Fleesch in – tohoop mit de Sauce. Un wiel ja de Kartuffeln so un so mit de Sauce vermengeieert ward, hett Mudder de denn eenfach in den Brodenpott mit rindoon.
Doch schull se nu noch für den restlichen Rootkohl extra 'n Pott up't Füür kriegen, wo doch in den groden dunkelblauen Brodenpott noch soveel Platz weer?

Nee. Rin ook mit den Rootkohl in den Pott, so'n beten an de Siet, gegen de Kartuffeln, dor is noch Platz – un denn rup dormit up'n Herd. Doch dör dat Füür kregen de Kartuffeln un de Rootkohl dat Wannern. Dor weer wohrschienlich de Sauce an Schuld. De Kartuffeln harrn no lüttje teihn Minuten so'n gediegene rodebrune Farv annohmen, de Rootkohl harr sien rode Unschuld ook verloorn – dör de brune Sauce – un ook dat Fleesch weer nich mehr alleen. Hier harrn de Sauce tohoop mit den Rootkohlsaft ehr Sporen achterloten. Wenn nu disse ganze Pamps up'n Teller keem, denn füng de swore Arbeit an, de rootbrunen Kartuffeln lütt to kriegen. De weern dör de Saucen – Saucen! – so glischtschig worrn, dat se mi foken swupps – över den Tellerrand wegflutschen deen. Eenmol is mi ene ünnern Kökenschrank rullt. Doch disse smerige Kartuffel weer mi so wat von ekelig, dat ick se dor eenfach liggen loten heff. Wi harrn ja Müüs in de Köök, de hefft de nachts seker upfreten. Moondag – een gräsigen Dag för mi – een Festdag för de Müüs. Doch Mudder sä jümmers: nu heff di man nich so.

Nich veel beter as Moondag weer Freedag, denn freedoogs geev dat foken Fisch. Ick mag geern Fisch, overs nich Schellfisch, de ja in Soltwoter kookt ward. Wenn de gor is, denn ward de enkelten Schellfischstücken ja mit'n Schümer ruthoolt, un nu schillt sick de sülverige Huut so af un dat sneewitte Schellfischfleesch kümmt to'n Vörschien, un dat smeckt no nix, blots no Schellfisch un sitt bobento ja stief vull

Groden. Un wiel dat no nix smecken deit, dorum giff't dor denn meisttiets Sempsoße to. Bäh.
Ick bün ja ook nie upklärt worrn. Nee, sowat geev dat nich. Dat weer eenfach so. Dor wurd nich veel över snackt. Mit ölben Johr hett Vadder mi dorum dat eerstemol loskregen, dat ick de Koh no'n Bullen bring, dat muß langen.
Veel mehr Weert leggen mien Öllern dor up, dat wi – wenn Besöök keem – jümmers ornlich de Hand geven deen. Ganz wichtig för ehr. För mi: gräsig.
Dat muß natürlich jümmers de gode, de leve, de rechte Hand ween. De een, de druck so fast to, dat mi meist de Tronen kemen. De anner harr so'n natte kole Hand – huuh – un mien Cousine funn dat just so bekloppt as ick, dat Handgeven. Doch de Öllern bestunnen dor up: Geev ehr de Hand.
Wat ick bit vondoog nich vergeten kann, dat weer de Quool, wenn Unkel Karl, Tant Frieda un ehr Broder Willy, wenn de kemen. Unkel Karl harr de ekelige Angewohnheit, egoolweg to hoosten. Weer nich verküllt, harr't nich up'e Lung un weer doch in ene Tour an't hoosten. He nehm overs kien Taschendook, nee, jümmers man so in de Hand rin un denn: Moin, Gerd!
Tant Frieda muss nich hoosten, de weer alltiet so an't Sniefen un Snottern, ook ohn Taschendook, is ja klor. Un wenn se lang genoog snieft un snottert harr, denn kribbel ehr dat natürlich in de Nees: Pruust! Un denn: Moin, Gerd!
Achter ehr stund nu overs noch Broder Willy. De muss nich hoosten, nich sniefen un snottern, nee, dat

weer een Buur, de meist direkt von Kohmesten keem. Dat kunnst an sien swatten Fingernägels un vör all an de grönen Hannen sehn: Moin, Gerd!

Un so güng't nu mit Hoosten, Sniefen un gröne Hannen an'n Koffeedisch un ran an den Botterkoken. Buur Willy ja glieks sien grönen Fingers ran an de Kokenplatt un sick dat gröttste Stück grepen. „Wullt ook een, Gerd?“ – Huuhhh! Tant Frieda finger rnit ehr Snotterhand een Stück för sick un een för Korl up'n Teller un so güng dat hen bit Klock fief.

Nu muß Willv wedder los, de Keuh to mesten: Tschüs, Gerd!

Klor, ook Frieda un Korl kemen ut ehr Sessels hooch un denn weclder snief un hoost un: Tschüs, Gerd!

Doch Vadder un Mudder säen: Nu heff di man nich so. Un moondoogs geev't jümmers upwarmt Eten: Kartuffeln, Swiensbrodensauce un Rootkohl in een Pott!

Mien Mudder kleih ia ook de Marmeladen dör'nanner. Se harr mol to'n Geburtsdag een Glasmarmeladenpott mit'n Löpel kregen. In den Deckel weer so'n lütt Lock – un dor keek de Löpel rut. Un in dissen smucken Marmeladenpott, dor keem jümmers de Marmelade rin. Un wenn wi nu mol seggen de Eerdbeermarmelade meist upeten harrn, denn wurd een Glas mit Aprikosenmarmelade upmookt, doch de Rest yon de Eerdbeermarmelade wurd nich wegdoon, nee, de bleev ünnen in de Pott in – un dor kleih Mudder nu eenfach de neje Aprikosenmannelade röver. Un wenn disse Aprikosenmarmelade ook meist up'n Rest güng un ick een Glas mit Plumenmuus ut'n Keller holen dee, denn kleih Mudder dat Plumenmuus up de restliche Aprikosenmarmelade, wo natürlich ook noch een lütten beten Eerdbeermarmelade in weer. Un wenn nu dat Plumenmuus all weer – meist all weer – denn kunn ick een Glas mit Johannsbeergelee ut'n Keller hooln.

Heff di man nich so!

Aver mit ölben Johr druff ick to'n eerstenmol de Koh no'n Bullen bringen.

Mien Opa hett ja 320 Pund wogen. Ick heff em ja nich kennt. 39 al sturven. Blinddarm. He harr overs een Broder, de weer ganz slank un so hooch upschoten: Unkel Meinert. He is ja ook al lang doot, un över Dode schall een ja nix slechts vertellen, denn koomt ja de Fingers ut't Graff rut oder so. Over ick much em nich lieden, deit mi leed. Dat is de Wohrheit.

He weer so 'n slanken, groden Keerl, meist twee Meter, un keek al dorum ümmer so von boben up mi lütten Pööks dool. Meist keem he an Sonndag to Besöök, to'n Koffee un Koken, denn sowat geev dat bi em tohuus woll nich. Un de harr sick dat so anwähnt, dat he veel to fröh keem, meist al so gegen twee / half dree. Koffeetiet weer bi us overs um halv veer – un solang heeln Vadder un Mudder Middagssloop. Unkel Meinert verdreev sick nu de Tiet dormit, in use Stuuv rumtokieken, of Mudder ook Stoff wischt harr. An'n leevsten much he, wenn se in de Döör rinkeem, even mit'n Finger boben över de Döörkant strieken un ehr denn sien swatten Finger wiesen. Schönen Sonndagnomiddag.

Doch ook wi Kinner harrn ünner em to lieden. Mien Süster muß jümmers bi sien Besöök den Koffee koken un ick heff denn Disch deckt.
Of dat nu Sonndag oder Alldag weer, bi us keem jümmers dat sülvige Geschirr up'n Disch – un ook dat ganze anner Weeswark, also Kokengoveln un -löpel, Zucker un Melk, dor moken wi nich veel Uphevens um. Dat hett em nich paßt. Un ganz towedder weer em, dat bi us statts een schöne Melkgüüt ut Glas eenfach man so de Libbys-Döös up'n Disch keem. Dor weern twee Löcker in to'n geten, doch foken weer de Melk ja andröögt – un denn weern de Löcker dicht. Vadder hett denn jümmers eenfach sien Kugelschriever nohmen un de wedder opensteken. Dat heff ick ook eenmol mookt – as Unkel Meinert dorbi weer. Batz, hett he mi ene langt. Ohh! Dat fund ick totol ungerecht, denn Vadder harr he bestimmt kiene langt, wenn he in de Döös rumprökelt harr.
Un wiel ick socke Ungerechtigkeiten nich goot uthooln kann, bün ick bi Vadder in'e Warkstee gohn, heff mi so'n lütten spitzen Nogel söcht, un dissen Nogel denn boben up de Döörkant rinsloon. Nich ganz, nee, so'n lütten beten keek de noch rut – un annern Sonndag hett Unkel Meinert Wedder kontrolleert, of Mudder ook Stoff wischt harr.
Herrlich!
Vergeet ick nie!
Dat Unnertüüg wurd ja bi us blots eenmol de Week wesselt: sünnobends. As Kinner drogen wi ja jümmers Feinripp-Weiß. Twede Wohl ut de Fabrik. Mit lütte

Fehlers. Weern dorum wat günstiger, de Ünnerbüxen. Mien eerste Tähnenbust heff ick mit fief kregen.
Ick heff ja ook al mol 'n Lock in'n Kopp hadd.
Hett een Speelkamerood mi mit'n Schrubber een övertrocken. Wi harrn us kabbelt. Un dat hett blott! Löcker in'n Kopp, de blöödt, schöön.
Kann dor wat von noblieven? hett Vadder den Dokter froogt.
Dat ward sick viellicht eerst in'n poor Johr wiesen.
Dat Klo harrn wi ja achtern Huus. Nich schön in'n Winter. Over bi sowat, heff ick faststellt, kann de Körper sick ja ganz umstellen. Up dat allernödigste Minimum.
Ick harr ja ook 'n Potentante. Tant Emma. Gottloff heff ick as Kind gor nich wuß, wat dat heet: Potentante. Tant Emma weer ja ganz krumm. Dor gifft dat een ganz wunnerbor latiensch Fackwoort vör. Dat kenn ick overs nich. Bi us heet dat blots: Tant Emma is krumm. Wenn ick Geburtsdag harr, denn kreeg ick von ehr jümmers 2,50 DM in fief Foftigpenningstucken. Söß Johr lang. Eerst weer dat veel, toletzt weer't meist nix mehr. Nix för'n Geburtsdag. För een Potentante, meen ick. Se keem overs jümmers mit ehr Foftigpenningstucken. Dat schull woll no mehr utsehen. Wenn ick een lang Gesicht moken dee, denn sä Vadder blots: Heff di man nich so.
Tant Emma kreeg ja blots een lütte Buurnrente. 17 Hektar harrn se hadd, 12 Keuh, een lütten Hoff, veer Swienen – un denn is ehr Mann sturben, Unkel Gustav, heff ick nich mehr kennt, un Tant Emma is binnen dree

Monoot sneewitt worrn. Krumm weer se al vörher – un muß natürlich allens verkopen. Un denn keem de lütten Buurnrente. Doch se wull nich so alleen blieven un denn keem ick un kreeg Tant Emma as Potentante.
As ick teihn weer, is se dootbleven – un een Johr loter heff ick to'n eerstenmol de Koh no'n Bullen brocht.

## Oma ehr Schötteldook

Denk ick an mien Oma, denk ick an ehr Schötteldook. dat weer so een gries-graut Stück Tüüg mit Locker, so groot as een Stück Breefpapier. Un dat leeg jümmers rechts up den Rand von den Gotensteen. Oma harr in ehr Kòök kien Waschbecken oder een Alu-Spüle, nee, de harr noch echt groten Gotensteen mit een Pump. Ut de keem overs al lang kien Woter mehr. Siet Ende de föftiger Johren harrn Oma un Opa een Woterhohn in de Kòök – mit koolt Woter, is ja klor. Doch de Pump weer so smuck, de hefft se hangenloten.
Un, as ick al sä, rechts ünner de Pump, dor leeg jümmers dat Schötteldook. Un dor wurd ja allens mit afwischt. Eerstigmol de Disch. Wenn wi wat överkleiht harrn, denn heet dat: Tellers hooch! Un den suuß Oma ehr Hand mit dat Dook övern Disch. Klor, de bleev denn 'n beten natt, dat weer ja kien Wischvlies. Oma weer over nich so för dat Feine, mehr för dat Praktische. Wenn up den Disch de Plackens al andröögt weern, Soße von'n Sonndags-

broden oder Fett von de Brootkartuffeln, denn hölp Oma mit 'n beten Schüürpulver no. IMI weer dat. Oma swöör up IMI. Ook as dat al lang den witten Wirbelwind un Meister Dingsbums geev, Oma bleev bi IMI. Un dor stunk dat Dook denn so scharp von. Dat kreeg ick jümmers to spöörn, wenn ick Eerdbeer- oder Schokolodensauce an'n Mund harr von den Pudding. Denn nehm Oma ehr Schötteldook un – swupps – feeg se mi mit dat kole natte Stück Tüüg dör't Gesicht un wisch mit den IMI-Rest mi de Snuut wedder rein. Ja, ja Oma weer mehr för dat Praktische.

Wat ick as Kind nich wuß: dat Schötteldook weer de afgeleggte Unnerbüx von Oma. Se droog ja jümmers so gediegene Slüpfers, de von buten so matt glänzen deen, un von binnen weern de so... angerauht – heet dat. Boben un an de beiden Benen harrn de een stramm Gummiband. Wat sünd de groot, heff ick jümmers dacht, wenn ick de an de Wäschelien bi Oma sehn dee. Dor paßt Oma ja tweemool rin. Weern nich chic, nee, praktisch. Tja, un wenn so een Slüpfer von all dat Koken in den groden Pott un dat Rubbeln up dat Waschbrett twei weer un ook flicken nich mehr gung, denn wurd de utmustert un as Schötteldook bruukt. Rechts up de Gotensteenrand – dor leeg dat denn, weer koolt un natt, stunk no IMI – un wehe, dat weer Sonndag.

Toletzt overs weer de Ünnerbüx so löckerig, dat se ook as Schötteldook nich mehr dögen dee, un denn – nee, de wurd nich wegsmeten, nee, denn wurd de an

de Lien fein dröögt – un in' n Kökenherd verbrennt. Entsorgt heet dat hüüt.
Tja, mien Oma smeet denn de Heerdklapp to un sä: So, nu is se up !

## De Dood

Wenn een, so as ick, denn veertigsten Geburtsdag al achter sick hett, denn kümmt dat ja so, dat een ook al mol över den Dood nodenken deit.
Also, wat mi angeiht: ick much ja an'n leevsten batz doot umfallen oder morgens eenfach nich rnehr upwoken. Wenn't sowiet is, meen ick. Noch ja nich. Doch een kann sick dat ja leider nich utsöken. Overs, kiek mol, Korl Oltmanns, de hett dat ja so hadd: seggt ovends „Goot Nacht!“ – un denkt sick dor nix bi. Wenn de wußt harr, dat weer dat letztemol, de weer doch bestimmt noch een Stunn länger upbleven un harr Fernsehn keken. Dat weer ja sien een un sien all.
Doch den Ovend kruppt he no de Tagesthemen in de Puuch. Dor keem noch so'n olen Tatort, de mit Nastassja Kinski, den se egoolweg wedderhoolt, un den harr he ook al dreemol sehn.
Doch knapp weer he doot, dor güng dat ja los mit de Arveree. Upmol weern se ja all dor, ook de, de em fröher nichmol to Wiehnachten een Kort schreven hefft. Ja, dat Geld, dat treckt. An'n slimmsten hett sick ja sien Broder anstellt. De ganze Wohnung hett de

döörwöhlt un egoolweg hett he schreet: Dor mutt wat ween, dor mutt wat ween!
Toletzthett he ja dat grode Kökenmest hoolt un de Matrazen upsneden. Dat hett stoben! Un funnen hett he liekers nix. Denn dor weer nix. Korl harr sien Geld al lang sien Dochder vermookt. Ja, de harr 'n Dochder, nee, nich mit sien Fro, mit sien Swägerin in Frankfurt. Dat hett ja meist nüms wußt, overs mi hett he dat vertellt.
„Kannst du swiegen?"
„As een Graff. Dor verloot di to."
Overs Korl sien Dood: eenmolig.
Wenn dat mit mi mol sowiet is, denn much ick dat ook so hebben, un ick bliev ook bestimmt wat länger up. Un wenn de leve Gott just 'n goden Dag hett, denn much ick nu al mol anmellen, dat ick mi no de Tagesthemen geern noch'n schönen Film ankieken do, mol seggen Casablanca.
Doch ick glööv ja nich, dat'n sowat bi'n leven Gott bestellen kann, un Casablanca al gor nich. Disse Film, heff ick kortens leest, de is al 25 mol in't Düütsche Fernsehn wiest worrn, un ji weet ja: Der liebe Gott sieht alles. De kann doch bestimmt al all de Dialoge ut'n Kopp mitsnacken. Nee, de seggt wohrschienlich to mi: 'n Film kannst du sehn, doch ick segg di, wecke dat is: Ben Hur.
Doch de geiht ja över dree Stunnen un denn sloop ick doch al vör de Tiet in.

## Geven is seliger...

De Jungfernstieg in Hamborg, dat is een schöne Stroot. Dor gah ick geern mol langs un kiek um mi to. Doch jümmers sitt dor bi dat een Koophuus so'n Keerl in afreten Tüüg. So'n lütt Pappschild hett he up de Kneen. Un dor steiht denn up, dat he arm is oder dat he just ut'n Knast kummt oder dat he kien Arbeit hett. Kort: he will mien Geld hebben. Ick schall em wat in sienen Hoot doon oder in de lütte Zigarrenkist.

„Danke", steiht dor denn ook noch an to lesen.

Wenn ick an socke Minschen vörbi mööt, denn geiht rni dat slecht. Denn krieg ick Magenpien. De sitt dor un bedelt mi an – un ick will em nix geben. Worum schull ick em ook wat geven? Mööt doch nüms mehr smachten bi us. Dat gifft doch Sozialhilfe, mit Geld för't Eten, för Tüüg un sogor för de Miete. Ward allens betohlt. De will blots mien Geld hebben, dat he smöken un supen kann. De kenn ick, socke Brüder. Goh mi af!

Up de anner Siet: wer weet, wat de al all döör mookt hett in sien Leven. Freewillig sitt de seker nich up dat kole Strotennlooster von den Jungfernstieg un bedelt. Minsch, wenn ick dor nu sitten mutt! Gott nee. Un stell di vör, dor kummt een vörbi, de di kennt. Un snackt di viellicht noch an:

„Gerd, büst du dat wohrhaftig? Geiht di dat so schofel, dat du de Lü anbedeln mußt?"

Nich uttodenken sowat.

Ick wurd ja woll vör Schoom vergohn. Dorum kunn ick em ja egens ook wat geven. Twee Mark? Nee, fief Mark. Dor kann he sick twee Wust for kopen.
Denn is he satt bit vonovend hen. Oder schull ick em gor teihn Mark... ick meen, fief Mark is ook al wat, un ick verdeen mien Geld ia ook nich in'n Sloop, ick mööt dor för arbeiten, kann nich den ganzen Dag blots rumsitten. Mi gifft ook nüms wat. Nee, 's morgens heet dat: rut ut de Puuch un ran an't Wark. Vonwegen, sick up anner Lü verloten. De denkt seker:
Wat sünd de annern all bekloppt, dat se sick den Dag över afmaracht. Dat geiht doch ook so: een lütt Pappschild, een Hoot un dorto een armselig Gesicht moken. Dor kann nüms gegenan. Dor röögt sick dat Mitgeföhl. Un dat höllt nüms ut, wenn dor een so liggt, un denn geevt se wat un meent, se helpt den Keerl dor, un dorbi helpt se blots sick sülvst. Mit'n Mark koppt se sick een rein Geweten. Dat weer fröher al so. Dor menen de Minschen, de leve Gott kunn mol as Bedelmann komen. De wull kieken, wo dat mit de Barmhartikeit von de Minschen steiht. Un wehe, du hest em denn nix geven! Dor gloov ick ja nu nich an. Un doch, wat mook ick nu mit den Keerl dor up de Stroot? Geev ick em wat – oder nich? Na ja, fief Mark, dat deit mi nich weh...
Ick griep in mien Taschen un... ick heff gor kien Lüttgeld bi mi. Ja stimmt, heff ick just in'n Zigarettenautomot smeten. Nu heff ick blots noch Papiergeld.

Un teihn oder twintig Mark, dat is denn doch woll 'n beten rieklich. Schood, ick harr em geern wat geven, den armen Mann. Annermol viellicht.

## As Vadder verseggt

Anner Week weer dat, as ick ovends no Huus keem – halv döörregent, möh un af. Ick kiek up de Klock – un... Minsch jo, ick will ja Vadder noch anropen – Geburtsdag. Geiht over nich. Mien grode Deern telefoneert. Un in teihn Minuten fangt Alf an – seh ick ja to geern. Ick also mien Deern denn ja andüüdt – also: Schluß moken!
Deit de overs nich. Se höllt de Höörmuschel dicht un seggt blots:
Gerd, du nervst!
Wat?
Ick snack just mit Monja. Sascha hett mit ehr Sluß mookt. De is fix un fertig.
Un batz dreiht se mi den Rügg to.
Mien Deern, de is 11, un Monja man just 10, de mookt mi fix un fertig.
Ick denn ja in de Stuuv rin un denk, sett di man eerst even hen. Doch de Sessel is besett. Angie hett sick dor up breet mookt.
Ick: Fffthh – un weg is Angie.
Dat hett mien twede Deern sehn. 8 Johr.
Gerd, du büst een ganz gräsigen Egoist.
Woso?

Angie is swanger, un smittst ehr so batz von'n Sessel.
Ja, overs dat is doch blots 'n Katt.
Typisch is dat för di. Wenn du di al Deerten in't Huus hoolst, denn muß ehr ook goot behanneln, du Unminsch.
Puuh. Ick heff mi denn doch ganz egoistisch hensett un för'n Ogenblick de Ogen dichtmookt, as nu de lütte Deern ansusen kümmt. 6 Johr – un een Rappelsnuut.
Du Gerdi, wi harrn hüüt Molen in'n Kinnergorden un ick heff, hier kiek mol, hier, Gerdi, us Huus, hier, un ick, hier, gau Homer un Nogel holen, heff ick ganz alleen moolt, dat mööt wi uphangen, Gerdi, kiek mol hier us Huus, un de Boom, mit Angie dor in, kiek mol Gerdi, nech...
Ick denn dat eene Oog so'n lütt beten openmookt un: Wat is los? Wat is mit'n Kinnergorden? Kannst' mi dat nich nochmol vertellen?
Un se: Och Alter, vergiß es!

## Klassentreffen

Wi leevt doch all von dat Besinnen up fröher Tieden. Un ick finn, dat hööit doch mit to dat Schöönste up de Welt, wenn een no lange Johren ole Frünnen wedderdropen deit. So weer dat bi mi annerletzt ook. Ick sitt in'n Zug no Bremen, as up mol de Döör von mien Afdeel upschoven ward – un: Dat is doch... ja, dat is doch... wo heet he man noch? Jawoll: Henning Martens. Mathe fief, overs anners ganz bruukbor. He

hett mi nich foors kennt. Typisch: denk blots an sick. Wo anner Lüüd dat geiht, is em schietegol.
Ick segg blots: Moin, Henning. Un mehr nich. Hah. Dat is wat för mi. Dat Gesicht harrn Ji sehn mußt. Baff, de Keerl. Stund dor to blaubecken.
Doch denn: Moin, Gerd. Wo geiht't?
Häh, dat harr ick nich dacht. So gau hett he mi wedderkennt. Wi kemen denn so bi lütten in'n Snack. Stell Jo vör: Henning Martens, disse Niete in Mathe, de is nu Leiter yon so'n Raiffeisenkass. Fehlt mi de Wöör. Wat heff ick mi quäält mit disse blöde Rekneree, yon Wuddeltrecken över Geodreeck bit hen to  Differenzial – dat ick man jo noch 'n veer kriegen dee. Un woför? froog ick Jo. Ook mit 'n fief kannst du wat warrn. Na, loot em. Sien Raiffeisenkass is ja ook buten up'n Lannen. De Buurn sünd dor ja jümmers noch vörsichtig wat Banken angeiht. De bewohrt ehr Geld foken noch lever ünner't Koppküssen up – un statts Banktresor-Safe – löppt buten up'n Hoff een groden Hund, de blots eenmol up'n Dag wat to freten kriggt. Dat mookt em scharp.
Ick sä: Henning, schöölt wi nich all de olen Klassenkameraden un Klassenkameradinnen natürlich ook, schullen wi de nich mol all tohoopholen to een groot Klassentreffen. Kiek, us letzte Schooldag, de liggt nu ja el meist 25 Johr trügg. Dat weer doch spannend, de all mol wedder to sehn. Denk doch blots mol an Klaus Bargmann oder Heiner Schröder, Irmtraut Kröger oder Anne de Bur. Un wo heet se noch all: Gabi Schomaker, Elke Wiemer, Dieter Onnen un denn de

Schoolmesters: Mayer mit a-y, Stammer, Peters, Ramin un so.
Ja, ja, sä Henning wat nadenkern, blots, ick gloov, dat is all nich so eenfach.
Woso?
Denk doch blots mol an Elke Wiemer...
De ene Tiet doch so achter di an weer...
Man goot, dat ick se nich nohmen heff...
Worum?
Siet söven Johr al doot!
Nee!
Doch!
Nee!
Doch!
Mann! Wo kann nu sowat angohn?
Du weeßt doch, se hett no de School ja glieks Erwin Frerichs heiroot, de ut de Parallelklass – un dat weer ja so'n Oorts Afrikafohrer – up Schipp, Stüürmann oder so. Na ja, se denn ja rnitföhrt, rin in'n Urwald, zack, kümmt een Tsetsefleeg, piekt ehr, Malaria, retour no Düütschland, rin in't Tropenkrankenhuus, verkehrt behannelt, doot.
Donnerslag – un Erwin?
De weer baff. Is nich steken worrn, weer nich in't Tropeninstitut, is nich verkehrt behannelt worrn un is ook doot.
Nee!
Doch!
Nee!
Doch!

Mann! Wo kann nu sowat angohn?
As he sien Elke in't Tropenkrankenhuus besöcht hett, is he – noch ganz in Gedanken – bi gröön över de Footgänger-Ampel lopen. Rums, keem een Laster – du weeßt doch, in Hamborg koomt bi gröön jümmers Lasters – un fohrt em över. Knee totol twei. Foors von't Tropcninstitut no't Barmbeker Krankenhuus, wo em Prof. Dr. Dr. glieks ünner't Meß nohmen hett – noch even so twüschen Kaffee un Fierovend. As he wedder upwoken dee, stunn de Foot no achtern. He ja liekers upstohn, lang hensloon up den Krankenhuus-bodden, sick glieks en bakterielle Infektion hoolt, doch de hefft se in't Krankenhuus nich wohrhebben wullt: Bi uns is allens steril. Twee Doog loter...
Doot?
Hooch Fever, denn doot.
Dunnerslag.
Nich veel beter hett dat ja Heiner Schröder gohn...
Nee!
Doch !
Nee!
Doch!
Vertell!
...de kreeg ja upmol so'n gräsige Allergie – gegen Aluminiurn.
Sowat gifft't?
Klor. Un du glöövst ja nich, wo överall Aluminium in un an is. Heiner much ja so geern Cola drinken, weeßt ja noch. Geiht an'n Strand, köfft sick een Döös Cola, psst! openreten, ran an'n Mund – Allergie. Is he ganz

root anlopen un hett meist kien Luft mehr kregen. Batz tosomenbroken. Leeg he dor up sien Handdook, knallrot. Sünd sogor noch Bekannte von em vörbikomen un hefft seggt: Heiner, paß man jo up dien Sünnenbrand up. Dat is nich gesund, so lang in de Sünn to liggen. Tja, dat is Avend wurrn un Nacht...
Nee!
...de Minschen sünd no Huus gohn...
Nee!
Doch! Un de Floot is komen...
Nee!
...un nüms hett mehr wat sehn von uns Heiner.
Dunnerslag.
Un Klaus Bargmann?
Wohnt in Winsen an der Luhe.
Gott, de arme Jung.
Un Georg Backhus, Schorsch?
De hett sick uphungen.
Gott, dat süht so bummelig ut.
Un wat is mit lrmtraut Kröger?
De flotte Irmi, wo wi all so achteran weern?
Du weerst achter ehr an...
Ja, un du hest ehr ook nich kregen.
Na ja, wat is mit ehr?
Verschütt gohn.
Dat hett se dorvon. Harr se mi nohmen...
...denn weerst du amenn ook nu nich mehr up disse Welt.
Nee!
Doch!

Nee!
Doch!
Vertell!
De harr't doch jümmers so mit de Deerten.
Wat?
Ja, de wull doch Tierpflegerin warrn. Un hett se denn ja ook mookt. Johrelang mit de Urang-Utans in een groden Zoo jn Frankfurt arbeit, weeßt doch, bi dissen Prof., de jümmers so'n Open up'n Arm harr, den Noom kann 'n jo nich utspreken, also för den sünd ja de Deerten beter as de Minschen. Un hett se ja so an gloovt, wat de Prof. ehr vörtüünt hett...
...du meenst, dat de Deerten beter sünd as de Minschen...
...dat meen ick, un hett se dor fast an gloovt. Toletzt hett se dor sogar so fast an gloovt, dat ehr de Minschenopen, also de Urang-Utans as de slechtesten ünner de Deerten vörkomen sünd, wiel se ja de Vörlöper von us Minschen sünd, dor hett se den Prof. froogt, of he ehr nich versetten kunn no de Krokodile.
Nee!
Doch!
Un de Prof., de hett ja een groot Hart för siene Mitarbeiters hadd un hett seggt: Ja, kann losgohn. Toletzt hefft ehr genau 18 Doog an de fief Johr Betriebszugehörigkeit fehlt. Harr Dieter tomindst doch noch 'n lütte Rente för ehr kregen.
Dieter Onnen?
Ja.

De hett ehr heiroot?
Ja.
Nee!
Doch!
Harrn se denn kien Unfallversekerung?
Doch, harrn se. Blot Dieter kunn ja nich nawiesen, wo sien Irmi afbleven weer. Spurlos verschwunden! Un denn betohlt de Versekerung nix.
Dat mööt ja al ganz gau gohn hebben.
Tja, du weeßt doch, se weer de flotte Irmi. Achter ehr weern se all achteran, ook de Krokodile.
De arme Dieter. Wat mookt de denn nu?
Koma.
Nee!
Doch!
Vertell.
Dat weer ja egens een ganz harmlose Geschicht. Blinddarm. Verkehrte Narkose, batz weer't al passeert. Dreeundörtig Doog nu al.
In dree Dog ward he denn ja utstüürt.
Stimmt! Blots he ward dat nich gewohr.
Un segg mol, wat is egens ut us Schoolmesters worrn? All doot?
All noch nich, over de mehrsten. Weeßt du, Schoolmesters ward ja nich so oolt. De mehrsten goht mit 50-55 up Rente, de annern landt in de Klappsmöhl.
Nee.
Doch! Wi bruken blots halv soveel psychiatrische Kliniken, wenn dat kien Schoolmesters geev.
Is dat wohr?

Us Physiklehrer Mayer is ja ook verrückt worrn.
Mayer mit a-y?
Just de. Dat is ja tragisch ween mit em. Sien Leven lang hett he de Schölers...
...un Schölerinnen...
...ja, un Schölerinnen, de hett he de Grundbegriffe von dat physikalische Leven bibröcht un weet sülvst toletzt nich mol mehr, wo bi em tohuus in de Steekdöös plus un minus sitten deit, kriggt 'n Slag un ut!
Nee.
Doch!
Nee!
Doch!
Mann!
Un dat slimnmste weer denn ja de Geschicht mit sien Beerdigung. Up sien Graffsteen schull ja de Spröök stohn:
Voll Spannung war sein Leben.
Dat harr he in sien Testament so verlangt. Doch dat wull sien Fro nich. Se hett den Steenmetz denn updrogen, he schull schrieven:
Es irrt der Mensch, solang er strebt.
Un dat hett he denn ook doon un schreev Mayer nich mit a-y, he hett dat mit e-y schreven. Dor hett nu sien Fro sick so över upreegt, dat se batz ook een Slag kregen hett un nu al gegen ehrn Mann liggt.
Nee!
Doch!
Nee!
Doch!

Un as wi al kort vör Bremen weern, do sä ick denn so to Henning:
Tja, ick mark al, dat ward woll nix mit us Klassentreffen.
Dor hest du woll recht, sä Henning. Doch segg mol, Gerd, wo geiht di dat egens, büst doch al so'n beten in de Johren komen...
Och weeßt du, mi fehlt ja anners nix, blots in de letzte Tiet heff ick hier in de Siet jümmers so Rieten... Wat meenst, schull ick dor nich mol mit no'n Dokter gohn?
Dat kannst du natürlich doon. Blots segg mi doch noch even: Wat schall up dienen Graffsteen stohn?

## Füür

Wenn ick morgens upstohn do, denn is dat för mi dat schöönste, dat us Badestuv mollig warm is. De Heizkörperknoop steiht jümmers up söß – volle Pulle – as mien Kinner seggt, un dat bringt tomindst achuntwintig Grod. Herrlich! Dat weer ja för mi as Kind dat allergräsigste, dat mien Öllernhuus morgens ieskoolt weer. Na goot, ieskoolt is överdräven, man mehr as so even versloon weer de Luft nich – nich in de Sloopstuuv, nich in de Köök un up't Klo al gor nich. Dat weer ja buten, direkt gegen den Stall. Bi us wurd ja höchstens bit ovends Klock acht noch noleggt, denn leten wi dat Füür utgohn. Morgens muß eerst överall wedder anbott warrn. Na ja, so gegen

Klock teihn weer't denn wedder warm. Ick kunn mi overs ja in de Twüschentiet an de Füürken warmen, denn foken weer dat mien Upgoov, dat Holt, den Torf un de Eierköhlen rintoholen. Wenn denn dat Füür överall brennen dee, denn sä Vadder meist noch: So, nu hool ook noch even Brikett rin. *Grrhhh.*

Bi mien Oma un Opa wurd ja noch sporsomer mit dat Füür umgohn. Up twee Steen to glieker Tiet böten – in de Köök un in de Stuuv, sowat geev't nich. Oma mook jeden Morgen in de Köök dat Füür an, sommers un winters. De Kökenheerd wurd to'n Böten, to'n Koken un ook to'n Waschen bruukt, d.h. eenmol in de Monoot keem ja ook de grode Waschpott mit de Bettwäsche up't Füür. Een egen Waschköök harrn de nich. Un eerst, wenn de Arbeit in de Köök doon weer, denn wurd de Ovend in de Stuuv anmookt. Dat muss Opa doon. He rack mit so'n lütte Köhlenschupp dat Füür in'n Heerd tosomen un droog de Gloot denn dör'n Flur in de Stuuv rin. Man mien Opa harr blots een Been un dorum harr de Löper in'n Flur överall so lütte swatte Löcker. Overs so wurd denn wohrhaftig blots up ene Stee in't Huus inbött, un se kunnen Holt un Torf för't Anböten spoorn.

To'n Ovendbroot gungen se denn wedder in de Köök, de middewiel al fix afköhlt weer. Doch so weer dat fröher: de kolen Mohltieden wurrn in de kole Köök innohmen, de warme in de warme Köök.

Vör de beiden denn no Bett güngen – in de ieskole Sloopkomer, wo ja nich mol een Ovend in stunn – (de harrn overs ook twee Kinner, so nich) – is Oma noch eenmol in de Köök gohn, hett een Brikett ut'n Emmer hoolt un den dick in Zeitungspapier inwickelt. Dit Paket hett se nu ganz no achtern in'n Heerd schoven, wo de Brikett denn bit annern Morgen so vör sick henglösen dee. Mit'n beten Gluck kunn se denn den annern Morgen gau wedder dat Füür anmoken.

Nu krieg ick ja foken to höörn, ja, dat weer wohl so'n Wark ween mit dat Anböten un so fröher, man disse Warmte von Holt un Brikett, de weer doch veel gesunder as disse dröge Luft, de von de Heizung kümmt.

Mag woll stimmen, doch wenn ick just in disse Johrstiet an dat kole Klo buten gegen usen Stall denk, denn is mi – vor all morgens – doch mien dröge warme Bodestuuv mit ehr ungesunden 28 Grod veel lever.

## Huus mit Goorden

Mien Fro mook mi annerletzt een wunnerboren Vörslag:

„Schullen wi nich us Regenhuus hier in'e Stadt upgeven un rut up't Land trecken. Ick hebb so recht Lust up een Huus mit Goorden."

Se keek mi an – un sä denn: „Is di nich goot?"

„Mi is slecht", heff ick seggt, „ick mööt mi breken!"

Wenn ick blots dat Woort „Goorden" höör, denn ward mi övel. Goordenland will ick nich sehn. Dat kümmt von mien Kinnertiet. Mien Öllern harr ja 'n Huus mit

Goorden. Een Riesenhuus un een noch gröttern Goorden. Also mol seggen: Föfftig Meter lang un 25 Meter breet. Rein Goordenland. Rasen noch extra. Un dat wurd totool beplant.
De Quool mit den Goorden füng ja so in'n Februar al an. Wenn dat weke Weer keem, denn heet dat meist so nebenbi an'n Ovendbrootsdisch: Wi köönt al mit Umgroven anfangen.
„Wi“ wurd seggt, „wi“. Meent weer overs „Du“, also, „ick“. Mudder harr't ja al siet 'n poor Johr so in de Hüft. Kunn also nich mehr groven – un Vadder harr kien Lust to'n Goorden.
Just so minn as ick. He dee overs so, as weer so'n Goorden dat allerschöönste von de Welt. Blots wenn't an't Groven güng, denn keem he nich. He weer ja Postbüdel in't Dörp, un utgerekent wenn't an't Groven güng, denn harr he upmol soveel to doon. Sogor moondoogs. Moondag is ja egens de Postbüdelsonndag. Dor kümmt nich veel Post, un du büst al gegen Middag wedder tohuus. Overs nich mien Vadder, wenn Umgroven anseggt weer. Ick keem ja ook so gegen twölf / halv een ut de School. Middageten un denn ran.
Vadder keem so gegen halv dree – to Koffeetiet. Denn muß he sick ja overs nödig eerstmol 'n halve Stunn rauhen. Ja, he harr ja soveel swore Breven den Dag utdrogen. Gegen halv fief keem he denn so ganz sinnig no buten. Un de kunn di sinnig gohn. Dat liggt so'n beten in de Familie – von Vadder sien Siet. Ick harr je een Unkel – Unkel Hermann, de hett dat wohrhaftig klorkregen, dat he acht Johr länger Rente kregen hett as

he an Arbeitsjohren harr. De is mit föfftig pensioniert wurrn – „schwere Herzrhythmusstörungen, Lebenserwartung nur noch wenige Monate" – dat lett de Vertroonsarzt em attestiert. Hett he mi woll teihnmol wiest un di dorbi lacht. Un denn muß ick sien Puls föhlen: Bumm / bumbum / … Bumbumbum ... bum / ... bumbum /. Unkel Hemmann! Wat hest du denn för'n Hart?
Ick heff dat Frührentnerhart. So een mußt' di ook toleggen.
Also mit Föfftig up Frührente no veertig langsome / fule Arbeitsjohren mit hoge Krankheitsrate – un dootbleven is he denn mit tweeunnegentig – no tweeunveertig Rentenjohren.
In de Zeitung stund denn: *Ein frohes Herz hat aufgehört zu schlagen...*
Un de Gewerkschaft harr ook een Annonce för Unkel Hermann: *Nach einem erfüllten arbeitsreichen Leben entschlief für uns alle immer noch unfaßbar...*
Unkel Hermann hett ia ook Vadder tosnackt, he schull no de Post gohn. He weer dor ja ook bi as „Entstörer". Hüüt höört dat to de Telekom, fröher gele Post – Fernmeldedienst. Unkel Hermann wurd jümmers denn losschickt, wenn up'n Lannen mol een Telefon nich mehr gung. Blots to sien Tiet harrn buten up'n Moor noch nich veel Lüüd Telefon.
Un wiel de poor ja ook buten wietaf von de groden Stroten leven deen un he ja ook jümmers 'n beten Handwarkstüüg bi sick hebben muß – to'n Bispill de Iesen, disse Krampen, de he sick an'e Fööt un Benen snören muss un mit de he denn de Telegrofenmasten

hoochstiegen dee – dorum harr he ja ook al in junge Johren een Dienst-Auto. Un wat weern de Buurn dankbor, wenn dat Telefon wedder güng. De loden Unkel Hermann denn to'n Eten in, packen em noch'n dicke Wust in oder he kreeg Kartuffeln mit – 'n halven Sack doch tomindst. Nee, de harr kien Goordenland. Bruuk he ook gor nich. He weer ja Entstörer mit Dienstwogen. Dor weer veel Platz in. Blots Tant Minno, de wohn ook buten up'n Moor, de much em nich lieden. Eenmol hett he bi ehr vörn an't Dor mit sien Auto stillholen un is denn so ganz bedächtig, as dat sien Oort weer – he muß ja sien Herzrhythmus plegen – also so ganz sinnig is he denn den Weg no ehr Huus hoochsluurt un hett ehr froogt, of se nich 'n poor fette Höhner för em harr. Sien Jung harr Kunfirmation un dor schull ja wat Ornlichs in'n Pott.

„Nee, heff ick nich."

Un denn hett se em so batz dor buten stohnloten. Dat hett Tant Minno 'n poormol vertellt. Un jümmers wedder sä se: „Ick will em bi fette Höhner. Ick heff al genoog, wenn em so sinnig angohn komen seh. He hett so'n leuen fulen Gang. Dor kann ick nich up kieken."

Un dissen leuen fulen Gang, den harr mien Vadder ook. Blots ohne Herzrhythmusstörungen. He muß bit 63 Johr arbeiten. Overs wenn't an't Umgroven güng, denn weer upmol ook moondags qanz veel Post komen, no'n Eten muß he sick rauhen, un wenn he denn so gegen halv fief endlich in'n Gorden keem, denn hett he eerstigmol ganz lang in Himmel keken,

of dor nich doch viellicht een dicke Regenwulk keem, de dat Groven verkorten kunn.
Wenn wi den Gorden denn umgroovt harrn – „wi“ sä Vadder jümmers, „wi“ – denn mussen ja Kartuffeln plant un Gemüüs seiht warrn.
„De Arfken will eten,
schall den März nich vergeten.“
Goot, dor harr ick nu kien Ohnung von, dat hett Mudder mookt.
Over duur ja nich lang, denn schoten de Kartuffeln ja al ut. Un de mussen denn ja anhäufelt warrn. Anhäufeln. Reeg för Reeg muß ick nu mit de Hack de Kartuffeln anhäufeln. Ick heff ja mol froogt, of de Kartuffeln nich ook wassen deen, wenn ick de nich anhäufeln dee. Dat kunnen wi doch mol een Johr probeern. Wenn't nich güng, denn wull ick anner ]ohr ook geern wedder anhäufeln.
„Swieg still. Anhäufeln!“"
Dat Slimmste bi disse ganze Goordenarbeit weer ja us Noversche. Wenn de mi dor to umgroven stohn seeg, denn keem se ja foors den annern Dag bi mien Mudder ansluurn – se harr ook so'n leuen fulen Gang – un sä: „Kann Gerd nich mien Goorden ook noch even umgroven?“
Un wenn ick ehr denn scharp ankieken dee, denn sä se noch: „Ick heff ook'n Spoten, de geiht von alleen, hehehehe.“
Even umgroven! Wenn ick dat al höörn dee. Even. Bi us weer allens even.
Groov man even den Goorden um.

Häufel man even de Kartuffeln an. Meih mol even den Rosen. Feeg mol even de Stroot. Tapzier mi mol even de Köök. Hool mol even 'n Emmer Eierköhlen ut'n Stall.

Kannst mi even no de Stadt föhrn, ick mutt mi dor even 'n nejen Mantel kopen. Kannst woll even up töven.

De Goordenarbeit weer ja leider mit dat Umsgoven, Planten un Anhäufeln nich doon. De Kartuffeln mussen ja ook wedder rut. Eerst de fröhen, denn de middelfröhen un toletzt de to'n Inkellern.

Kartuffeln utkriegen – gräsig. Vadder stund meist dor bi un sä: „Ick heff't hüüt so in'n Rügg, mook du dat man even." Wenn he 't ook in'n Rügg harr, kieken kunn he dorum overs goot:

„Dor liggt noch ene."

„Dat is doch blots so'n lüttje."

„Just de lüttjen sünd so lecker."

Dat Utkriegen fund ick vör all dorum so gräsig, wiel mi dat jümmers wedder mallöör, dat ick de Plantkartuffel in de Finger kreeg, de denn upmol – prrhhh – tweigung. Iiih, disse stinkerige Matsch an de Fingers!

Un denn mussen de Bohnen even noch plückt warrn, de Kirschen, de Plumen, de Appeln un Beern mussen even von de Prööm runner, un de mussen denn even all schillt, entsteint un affeest warrn – för de Weckglöös, denn Mudder weer eerst denn tofreden, wenn in'n Keller up alle Regolbrööd de Glöös dicht an dicht stunnen, wenn in'n Stall de Brikett fein upstopelt un de ole Swienkoben randvull mit Eierköhlen weer un wenn toletzt de Deckel von de Iestruhe blots denn noch dichtgüng, wenn Vadder dor dat Twintigpundgewichtstück von de Dezimolwagg rupstellen dee. Denn de Swienfleesch-, Gröönkohl- un Puffbohnenpaketen, de keken al boben rut.

„Nu kann de Winter komen“, sä se denn.

Un dat allens seh ick vör mi wedder upstohn, wenn mien Fro so ganz nebenbi frogen deit: „Wat meenst', schullen wi us Regenhuus hier in de Stadt nich upgeven? Ick harr Lust up een Huus mit Goorden buten up'n Lannen.“

Denn segg ick: „Nee, de Dokter hett mi Goordenarbeit verboden.“

„Wat, verboden? Goordenarbeit is doch gesund.“

„Kann ween, overs nich för mi. Weeßt' wat ick dor von krieg?“

„Na?“

„Herzrhythmusstörungen.“

## Wer den Pfennig nicht ehrt...

Mien Opa weer ja noch een ut de ole Kist. De harr noch Tieden beleevt, wo dat Geld ganz roor weer. Un wenn sien Söhn, also mien Vadder, sien twee Groschens Geburtsdagsgeld lichtfardig för Glaskugeln t. B. utgeven harr, – dat weer ganz wat Nees in de twintiger Johrn –, denn is mien Opa vergrellt worrn un hett he em jümmers een Geschicht vertellt:

Stell di vor, du steihst ovends Klock söven in Bremen up'n Hauptbohnhoff un wullt nohuus.

In'n Viddelstunn geiht de letzte Tog. Du wullt di nu de Fohrkort kopen, un as du in't Pottmonnee kickst, fehlt di akraat een Penning. Een Penning blots, den du för dien verdreihten Glaskugeln utgeven hest. De Mann an'n Schalter, he gifft se di nich, de Fohrkort. He gifft se di nich. Un denn kannst du sehn, wo du nohuus kümmst, ovends Klock söven in Bremen up'n Hauptbohnhoff.

Denn hett mien Vadder, as ick em kenn, 'n ganz slecht Geweten kregen un sick schoomt un harr gor keen Lust mehr, mit sien Glaskugeln to spelen.

As ick Kind weer un miene 1 Mark 50 Taschengeld lichtfardig för Kaugummi oder Sigurd-Heften utgeven heff, do is mien Vadder ook vergrellt worrn un hett mi ook jümmers wedder een Geschicht vertellt:

Stell di vor, du steihst ovends Klock söven in Bremen up'n Hauptbohnhof un wullt nohuus.

In'n Viddelstunn geiht de letzte Tog. Du wullt di nu de Fohrkort kopen un as du in't Pottmonnee kickst, fehlt di genau een Groschen. Een Groschen blots, den du för dien schetterigen Sigurd-Heften utgeven hest. De Mann an'n Schalter, he gifft se di nich, de Fohrkort. He gifft se di nich, un denn kannst du sehn, wo du nohuus kümmst, ovends Klock söven in Bremen up'n Hauptbohnhoff.

Un denn güng mi dat jümmers ganz slecht, Minsch, ovends Klock söven alleen in Bremen
up'n Hauptbohnhoff, dat mööt ganz gräsig ween.

Un as mien grode Deern annerletzt ehr Taschengeld – ick segg lever nich, woveel –, also as se dat all för

Spice-Girls-Fan-Artikels utgeven harr, dor heff ick ehr ook een Geschicht vertellt:
Stell di vör, du steihst ovends Klock söven in Bremen up'n Hauptbohnhoff. In'n Viddelstunn geiht de letzte Tog ...
Quatsch, de fohrt bit Middernacht!
Du wullt di nu de Fohrkort kopen un as du in dien Pottmonnee kickst, fehlt di genau ene Mark. Ene Mark blots, de du för diene schetterigen Spice Girls utgeven hest. De Mann an'n Schalter, he gifft se di nich, de Fohrkort. He gifft se di nich...
Deit ook nich nödig. In dissen Fall roop ick tohuus an – un denn hoolst du mi mit'n Auto.

## Lüüs

Dat fangt ja ganz sinnig an. Eerst markst du dat nich mol. Du schüürst di so'n beten. Nich mehr as fröher ook. Denn ja, dat knippt up de ene Siet, nu 'n beten up de anner. Nix von Belang. Doch denn ward dat mehr. Dat jöökt, dat bitt, rechts, links, ünnen, boben, du möößt di nu hier kleihen un dor schüürn, dat ward slimmer, du denkst, dat kann doch nich angohn, bit toletzt dat all een Kniepen un Schüürn un Jöken is un du dat Geföhl hest, dien ganze Kopp is een eenzig Nodelküssen, un du kunnst di de Hoor utrieten un mit een Drahtbust de Huut von dien Kösel afkratzen – un dorbi is dat ganz eenfach: Du hest Lüüs.
Kopplüüs.

Wo kümmt een nu vondogen bi Kopplüüs? Klor, hefft de Kinner insleept, ut den Kinnergorden oder de School. Un as gode Öllern hefft wi us Deern denn ja een Breef an de Schoolmestersche mitgeven. De weer ja in hellsche Upregung un hett ehr glieks no Huus schickt. Doch as se denn so ganz liesen un harmlos in de Klass nofroogt hett, of de Kinner al mol wat von Lüüs höört harrn, dor güng dat los:

Ick heff welk, hier up mien Kopp. Ick ook, un noch veel mehr as Du, ätsch. Un ick al lang.

De halve Klass harr ook Lüüs.

Mit normool Hoorwaschen kümmst du de Öös ja nich bi. Nee, gegen Kopplüüs helpt blots Goldgeist ut de Aftheek, wat du sachten in de Hoor inwrieven möößt. No halve Stünn denn mit veel Woter utwaschen un nohst de Hoor mit so'n feinen Kamm utkämmen. Die Kopflaus ist ein flügelloses Insekt, das als Parasit ausschlieflIich am Menschen und dort fast nur auf der Kopfhaut vorkommt.

Dat steiht up den Bipackzedel von dat Antikopp-luusmiddel. Mit schöne Biller, up de een sehn kann, wo so een Luus sick entwickeln deit.

Dat is ja wat för de Kinner.

„Kriegt de ook Babies?"

Klor, dat sünd de Nissen.

Die Eier werden von dem Kopflausweibchen perlschnurartig mit einem überaus widerstandsfähigen Klebesekret an die Haarbasis geklebt. Sie lassen sich nicht abstreifen oder mit Wasser auswaschen. Darum mööt een dor ja ook mit de Chemie ut de Aftheek ran. Dat stinkt as de Pest, helpt overs, dat heet, wenn een no de Chemiekur noch dat ganze Bettüüg aftrecken un waschen, de Kämme afkoken deit, de Hoorbusten ook, denn is een de Lüüs loos. Dat hoop ick tomindst.

Doch nu mark ick, dat mi dat schiens nich alleen so geiht. Överall seh ick Minschen, de sick an'n Kopp schüürt. Klor, de hefft ook Lüüs. Un as güstern gegen mi in de Bahn so een junge Fro mit lange rode Hoor stünd un sick twee- dreemol an'n Kopp schüürn dee, dor heff ick to ehr seggt:

„Se hebbt Lüüs. Kopplüüs."

„Wat?"

„Ja, dat fangt eerst ganz sinnig an, doch denn kriegt ook Se dat Jöken un Kniepen .. ."

„Nee!"

„Doch, un ook Se spöört, dat Se dor boben Ünnermieters hefft, Blootsugers..."

„Iihhh!"

„Un in'n poor Doog sünd ook Se an't Kleihen un Rubbeln un Schüürn, un Se muchen sick an'n leefsten de Hoor utrieten un de Kopphuut mit de Drahtbust afkratzen."

„Uphöörn!" hett se brüllt un is gau weglopen.

Dat begriep ick nich. Ick wull ehr doch blots helpen.

# Benehmen

Ick heff ja för dit Johr alle Fiern afseggt. Geburtsdags- un Wiehnachtsfiern, Hochtieden un sogoor Beerdigungen. Ja, Unkel Albert geiht't nich goot.
„Wenn du dootbliffst, Unkel Albert, no dien Beerdigung koom ick nich."
„Och, dat is ja schood", hett he seggt, „harr ick mi ai so to freut."
Is mi schietegool, wat de Lüüd von mi denken doot – ick heff kien Tiet, ick bün al woanners inloodt, ick föhl mi nich. Worum? Wiel ick mi nich benehmen kann. Ick heff dat bit nu gor nich wusst, man denn is mi dat Book HOHE SCHULE DES GUTEN BENEHMENS in de Hannen fullen, un nu weet ick: So as ick mi bit nu hento benohmen heff, dor gifft dat blots een Woort för: PEINLICH.
Dat fangt ja al bi dat Begröten an. Wat dor unner de Rubrik „Die wichtigsten Haltungsregeln für Männer im Stehen" steiht – peinlich – för mi. T. B. schall een bi't goden Dag seggen jümmers liek stohn – aufrecht mit ziemlich gradem Rücken.
As ick annerletzt bi Fründ Dieter up de Geburstdagsfier weer, dor harr ick just den Dag so 'n Rieten in 'n Rüch. Stund ick also meist as so 'n Frogeteken. Jedereen hett mi froogt: Na, Gerd, hest du Köhlen sleept? Denn keem ja al de neegste Peinlichkeit. Jümmers wedder heff ick ene Hand in de Büxentasch. Bi't Begröten. Geiht ook nich. Un bi't Sitten schall een de Benen nich liek von sick recken.

Do ick ook jümmers wedder. Ja,wegen mien Krampfodern. Dat mookt mi dat Sitten lichter. Is overs PEINLICH.
Denn weer dor Günter, ook een olen Kamroden, de harr sick verküllt, un muss sick dree- veermol snuven. Heff ick seggt: Gesundheit. Is verboden. Mahlzeit oder Prost al ganz. Dat höört sick överhoop nich. Tohuus heff ick lehrt, een schall woll Gesundheit seggen. Is nu out, dat stellt den annern bloot. Denn sick snuven is al peinlich genoog, un wenn een denn ook noch röppt: Prost, Günter, hest di woll een upsackt – dat geiht nich.
Denn gung ja de Fier los. Schull losgohn. Un dat de Huusherr as eerste sien Glas nehmen deit, dat weet ick ook. Dieter, de stund dor ja nu – harr dat Glas al in de Hand – un wull wat seggen, man egolweg kemen em wat dortwüschen. Mol pingel dat Telefon, denn kemen wedder neje Gäste – un ick stund dor un harr Dorst. Dreemol harr he al ansett – un wedder keem em wat dortwüschen. Dor heff ick eenfach mol so dwars dör de Stuven ropen: Dieter, nu segg doch mol wat! Un endlich kunn de Fier losgohn. Nu weet ick, sowat is oberpeinlich.
Denn keem ja de Geschicht mit dat Glas. So een Wienglas t.B. dröff een blots an'n Steel anfoten, nich boben an den Kelch, wiel dat denn socke ekeligen Plackens an dat Glas geven deit. Dat schaff ick höchstens bit to 'n drüdde Glas, denn heff ick al Last, dat Glas liek to hooln, un ehr ick Gisela, Dieter sien Fro, wat von den schönen Wien in de Bluus kippen

do, foot ick dat Glas lever rejell boben an, so, ook wenn dat Plackens gifft. Is overs PEINLICH.
Noch peinlicher weer dat mit dat Eten. Se harrn so een wunnerbor Büffet upboot. Ook dat, ick weet 't, mööt normolerwies von de Huusherrn oder de Huusfro, „eröffnet“ warrn. Bi Dieter un Gisela weer ick meist versmacht, wenn ick dor up töövt harr.
Wat steiht in mien Benimmbook: Das Büffet stellt enorme Anforderungen an die Selbstbeherrschung des einzelnen. Dat kannst' woll seggen. As ick dat all seeg, wat de dor upfohrt harrn, mannomann, mien Mogen mell sick foors. Ick keek ut, wor denn Gisela un Dieter weern – wiet weg, mank de annern Gästen, an't Telefon, an de Döör – un ick harr Smacht. Wat nu? Gierig ween alleen hölpt nich, man mööt ook plietsch ween. Dorum heff ick aftöövt, bit eenmol Dieter in miene Neegte keem – un dor heff ick so to em seggt:
„Dat is ja een herrlich Büffet.“
„Ja, hett uns Dochter ganz alleen upboot.“
„Un wo is de?“
„Tja, de kümmt so gegen Klock acht.“
Un do weer't man jüst halv söven!
Dat weer also al mol nix. Ick muss mi wat anners överleggen.
Nu keem Gisela vörbi. Dor heff ick ehr so bi de Siet nohmen un heff seggt:
„Du Gisela, wo lang steiht dat Büffet hier al so?“
„Worum, hest du Smacht?“
„Ick, och wat, ick heff goot to Middag eten, man mi kümmt dat so vör, as wenn de Salootblöd al anfangt so

'n beten mööd to warrn, kiek mol, de hangt al so laff övern Tellerrand dool. Un de Kees kann de Warmte ook nick goot af, is al ganz dröög an de ene Siet."
Se wurd ja ganz verlegen un leep glieks no Dieter hen. Fief Minuten loter kunnen wi eten.
Se harrn ook so 'n herrliche Supp kookt, wo ick glieks een däägten Teller vull von hoolt heff. Un do passeer mi glieks wedder een Peinlichkeit. As de Supp up den Rest güng, dor heff ick den Teller so 'n beten no de Siet kippt – schön upeten, hett Mudder jümmers seggt – dat ick ook den Rest noch up 'n Löpel kreeg. Ausgeschlossen – den Teller dröffst du nich kippen. Schall ick overs mit den Löpel so lang över den Teller röhren, bit ook de letzte Druppen up is? De hefft ja woll een Vogel, denn wenn du dat deist, liggst du wedder verkehrt: dat höört to de Ästhetik, wenn Ji weet, wat ick menen do, dat dat Eten völlig geräuschlos vonstattengeiht. Geräuschlos mookt overs gor kien Spoß. Un du schaßt ook den Mund nich so vull nehmen, man ick find just, dat Eten mit 'n vullen Mund eerst so richtig Spoß moken deit. Nu bün ick wedder ran an de Theke un heff mi dat Hauptgericht hoolt: Gröönkohl. Hhmmmh. Un dat is ja för mi dat allerschönste, wenn ick den Gröönkohl so mit de Kartuffeln vermusen kann. Oh, dat is, lecker, segg ick jo. Dat is hochnotpeinlich! Twüschendöör een kräftigen Sluck Beer -ahhhh. Egens mööt ick mi vöher mit een Serviette den Mund afwischen, weeßt doch, wegen de Plackens up dat Glas. Man ick harr de Serviette vergeten. Un ick

wuss, wenn du nu upsteihst un hoolst di so een Serviette von'n Büffetdisch, denn is dien Platz weg. Is doch up socke Geburtsdagsfiern jümmers so: dor sünd mehr Gäste as Sitzplätze. Un Gröönkohl in'n Stohn eten – nee, velen Dank. Denn lever Plackens up dat Glas.

Een dröff ja ook up den Teller kien Vörrat anleggen. Heff ick ook doon. Se weern mit Kasseler knapp, dat heff ick foors sehn – un heff mi twee Stück nohmen. Dat Mest dröffst du ook nich aflicken, bi mien weer overs 'n beten Semp anbleven.

Denn sett sick een Keerl gegen mi hen, den ick gor nich kennen dee.

Lecker, dat Büffet, wat, heff ick mol so to 'n Anfang seggt. Hhmmh.

„Hett Dieter sien Dochder mookt.“

„Kiek an“, sä he.

„As Geburtsdagsgeschenk.“

„Na, dat is ja mol originell“, sä he.

„Originell? Du schußt di wunnern, wenn Dieter wat to seggen harr. De is ja sowat von giezig. Wenn de dat betohlen muss, denn geev dat Smoltbroot un Beer ut de Döös".

„Is dat wohr?“

„Un ook Gisela hett ja von so 'n beten Dekoration överhaupt kien Ohnung. Tempotaschendöker statts Servietten, Plastikbekers statts Glöös un de Gedränke all von Aldi“.

Achterher vertell mi een, dat weer Dieter sien Chef ween.

# Schoolmester

As ick in de achte Klass weer, do is mol wat passeert, wat ick bit vondogen nich vergeten heff. Dat weer in 'n Sommer, de Finster von uns Klassenruum stunnen open – un wi harrn Engelsch bi Dittmer. He weer Studienroot – mit 55 – harr dat also nich to 'n Oberstudienroot schafft. Worum woll nich? Wohrschienlich wiel he so slurig weer. He wohn ja bi de School glieks um de Eck un keem meist jeden Morgen in dat sülvige Tüüg no de School. Brune Büx mit utbuulte Knee – un dorto een gröne Strickwest, an de de rechte Tasch al afweer. Un denn de Schoh: an'n leefsten droog he sien olen brunen Sandolen mit Gittermuster, de em overs veel to lütt weern. Achtern hungen de Hacken meist twee Zentimeter över. Wenn he rinkeem, sprungen wi up. Doch wenn he denn ganz langwielig mit de linke Hand afwunk, wussen wi: he hett vondogen keen Lust up School. Meist mussen wi denn wat ut 'n Book afschrieven oder grammatische Übungen in Stillarbeit moken. He lees wieldes de Zeitung. Un de Zeitung harr he jeden Dag dorbi. De Tüügnisnoten wurrn bi em jümmer gerecht verdeelt. Wenn he di lieden much, denn geev't 'n dree, wenn he di nich lieden much 'n veer. Wenn he di nich lieden much, man dien Vadder stell wat vör, bi de Bank, as Geschäftsmann oder as Beamten, denn geev't ook 'n dree, un wenn he di lieden much un dien Vadder stell ook noch wat vör, denn geev't 'n twee. Wenn he di lieden much un dien Vadder weer in de FDP – so as he – denn geev't 'n een. An'n slimmsten weer dat, wenn he di up 'n Kieker harr, de Vadder nix vörstell un ook nich in de FDP weer, denn kreegst du 'n fief. So as Peter Töllner. Den harr he up 'n Kieker un sien Vadder stell nix vör un weer ook nich in de FDP.

Eenmol in 'n Sommer, as de Finster von us Klassenruum openstunnen un Dittmer wedder sien Zeitung lesen dee, rumpel dat upmol up 'n Schoolhoff. De Müllabfuhr. Dittmer leet de Zeitung sinnig doolsacken, keek up Peter.

„Töllner! Hier in de Zeitung steiht, dat de Müllkutschers noch Lüüd söökt. Ick geev di teihn Minuten Tiet, di to bewarven."

Un denn lach he – un all de, de noch von 'n dree up 'n twee komen wullen, de lachen mit.

Doch ene Week loter weer't upmol allens anners. Dittmer keem wedder in de Klass, wi sprungen up un troen us Ogen nich. Dittmer in'n Antog, mit Slips un Krogen un neje Schoh. Wat is nu passeert? Un he keem nich alleen. De Schoolroot weer bi em. Un gau harrn wi't rut, dat güng nich um us, dat güng um em. He wurd aftest, denn he wull Oberstudienrat warrn So harrn wi Dittmer noch nie beleev – he snack upmol blots engelsch. Sitt down, open your books, translate please. Wi wussen gor nich, wat wi seggen schullen.

„Hest du dat höört", puust mien Nover mi to, „he hett Please seggt. Dat Woort kenn ick gor nich."

So güng dat de ganze Stunn dör. Mann, wat mussen wi uppassen bi all de engelschen Wöör. Dittmer hüpp as een anschoten Kanink dör de Klass. He schreef de

Tafel mit engelsche Wöör vull, de mussen wi denn afschrieven, he keek in us Heften un sä jümmers: Very good – ook wenn so as bi mi, de Hälfte verkehrt schreven weer, he stell egoolweg Frogen, reep sogor de Jungs bi 'n Vörnoom – ut Meyer, Bartels un Michels wurrn upmol Holger, Jens un Thomas un de Schoolroot seet vörn an't Pult un mook een fründlich Gesicht. Vör Dittmer sien binner Oog lüch al een wunnerbor Woort up: Oberstudienrat – Gehaltsgruppe A 14. Man as de Stunn al meist um weer, do sloog de Schoolrat dat Klassenbook up un sien Finger wanner de Nooms andool. He bekeek sick de Noten. He seeg de dreen, de tween, he beöög de veern un denn bleev sien Finger upmool stohn.
Peter Töllner! He seeg, dat Peter in alle Klassenarbeiten blots fiefen schreven harr. Peter weer upsprungen, as he sien Noom höörn dee. De Schoolroot keek em scharp an. Peter sien Ogen söchen Dittmer sien Ogen. Dor stund he – mit sien feinen Antog, mit Slips un Krogen un de nejen Schoh.
Peter Töllner! Your notes... Your notes... De Schoolroot söch no den engelschen Utdruck, kunn em overs nich finnen. Peter Töllner – eine glatte fünf. Wie ist das möglich?
Peter keek wedder up Dittmer, de sick overs wegdreihen dee un anfüng, de Tafel aftowischen.
Upmool weer von 'n Schoolhoff een Rumpeln to höörn.
Wi keken all no dat open Finster hen.
Un do nehm Peter upmol den Kopp hooch.

Ick krieg jümmers 'n fief wiel mien Vadder nich in de FDP is.
Studienrat Dittmer is al lang doot, man bit vondogen frei ick mi noch jümmers, wenn de FDP bi een Wohl nich över 5% kümmt.

## De Büx is twei

Wat ick nu vertellen will, dat geiht egens de Froonslüüd nix an. Dat is een Männerproblem. Een Männermallöör. Ick weer kortens von twee wichtige Herren inloodt: Arbeitsessen. Un för so een wichtigen Termin treckt een sick denn ja ook al mol'n beten beter an. Antog weer mi toveel, Jeans to minn, also dach ick: geihst du kombineert. Dat brune Jackett un de swatte Büx. Un wiel dat bi so een Eten ja meist ook een oder twee Glas Wien gifft, bün ick dor mit'n Taxi henfohrt. Un nu passeert dat Mallöör. De swatte Büx sitt een beten to deep – so as de Baggi-Büx von Xavier Naidoo – un as ick nu achtern in dat Taxi instiegen do, dor kümmt de Büx ünnen so up Spannung un upmol mookt dat rikkkkt. De Noht. De Noht is inreten, de Noht, de von achtern no vörn geiht – un ick heff een Termin mit twee wichtige Lüüd in een Nobelrestaurant. De Fohrt dorhen weer ja al de reinste Quool. Ick muss ja nu eerstmol rutkriegen, wo wiet de Noht inreten weer. Also heff ick mi achtern in't Taxi so'n beten upricht un wull nu vörsichtig de Noht langsföhlen.

Sitt Se nich goot, Herr Spiekermann, froogt de Taxifohrer ganz besorgt.
Nee, nee, allens klor.
Oder knippt dor wat?
Nee, knippt nix.
De Noht weer tomindst 15 cm upreten: dat Lock güng von'n Dumen bi to den lütten Finger. Ünnen is dat ja egol, de Froog is, wo wiet dat no achtern hooch geiht – över den Mors.
Wi koomt nu an – bi dat noble Hamborger Restaurant ünnen an de Elv. Ick stieg een Trepp dool un treck dor bi dat Jackett so wiet rünner as't geiht un loot nochmol den Finger de Noht langslopen. Ohh. Will hopen, dat süht nüms. Miene beiden wichtigen Lüüd sünd al dor. Goden Dag, goden Dag un denn gau hensett. De Ober bringt de Kort. Ihren Salat holen Sie sich bitte vom Büffet.
Blots dat nich. Ick stoh blots noch eenmol up – to'n rutgohn. Nee, velen Dank, Saloot, dor steiht mi hüüt de Sinn nich no. As dat Eten vörbi is, pass ick jümmers up, dat kien von de wichtigen Herrn mi von achtern süht. Dat glückt mi ook – bit to'n rutgohn, denn höflich as de beiden sünd, heet dat an de Trepp: Nach Ihnen.
Stell di vör – ick stieg nu vör ehr de Trepp hooch un ehr Ogen goht nu de Noht von miene Büx langs. In'n letzten Momang fallt mi wat in: Ohh, segg ick, ick glööv ick heff mien Kugelschriever up'n Disch liggen loten.
Un wohrhaftig, de beiden fallt dor up rin un goht

vörut. Ick bün denn glieks no den neegsten Plünnenhöker föhrt un heff mi neet inkleedt – mit twee swatte Büxen – im Schritt verstärkt.

## Kuckuckskinner

Weet Ji, wat een Kuckuckskind is? Dat is een Kind, dat to di Vadder seggt, von dat du overs gor nich de Vadder büst. Dat kannst du di nich vörstellen? Hahaha. De Lüüd von de Wetenschup, de rekent, dat jedet teihnte Göör een Kuckuckskind is. Find ick ook, is amenn 'n beten veel, overs wenn dat ook blots jedet 50ste is, denn... oha... denn loopt dor ja een Barg Kinner dör de Welt, de gor nich weet, wer ehr Vadder is.
Dat mit disse Kuckuckskinner, dor is ja Boris Becker an Schuld. Dör em sünd ja disse Vaterschaftstests in Mood komen, dör em sünd ja Mannslüüd eerstmols up de Idee komen, dat se nich de Vadder von ehr Kinner wesen kunnen. De nehmt denn 'n Snuller un een poor Hoor von dat Kind – dor denn noch een poor egen Hoor to – rin in't Labor un denn weeßt du Bescheed. Up disse Oort un Wies hett ja een Vadder kortens rutkregen, dat all dree Kinner nich von em sünd. Dat is natürlich hart. Un annerseen hett 18 Johr Alimente betohlt – un nu kümmt't rut: de wohre Vadder is een ut de Noverschup. Wiel disse Keerl overs utwannert is – un von em nix mehr to kriegen weer, hett de Fro sick an een annern ranmookt un nohst den as Vadder angeven – un de hett betohlt. 18 Johr. Nu will he dat

Geld wedder hebben – mit Tinsen versteiht sick. Tja, dat is natürlich ook nich schön.

Gottloff, kann mi ja sowat nich passeern. Mien Fro un ick, wi hefft ja veer Kinner – un dat süht een foors, wo de her koomt. De grode Deern to'n Bispill, de hett ganz veel von ehr Tante, de Ogen, de Nees un denn ook so von ehr Wesen, disse kiebige Oort – so as mien Fro ehr Süster. De twede geiht ja mehr no ehr Oma – von de Stimm al, dütlich un klor, de langen slanken Finger un vör all ja ook de krusen Hoor. Sowat gifft't nich tweemol. As mien Fro ehr Mudder. De drüdde Deern – de weer ene Week oolt, un dor hefft wi al seggt: Inge. Ook so'n beten propper un de blauen Ogen. Un wenn de denn so gillt – weeßt doch so hiihhhh – 100% Inge, mien Fro ehr Mudder ehr Süster. Un denn de Jung – Opa Nr. 2. De Ohren un de Nees, dat seggt se all un denn ja ook disse behäbige Oort. Fehlt blots noch de Zigarr un de Lehnstohl – denn meenst du, mien Fro ehr Vadder sitt dor.

Ji markt also: so'n Vaterschaftstest, dat weer bi us blots wegsmeten Geld.

# Tunnelblick

Ick drööv ja tohuus nich mehr allens seggen. Dat gifft een poor Soken, de hett mien Fro mi verboden. An eerste Stee up de Verbotslist stoht Sätze, de mit
Wo is ...? anfangt.

Wo is mien Brill? heff ick ehr güstern wedder froogt

un dor is se vergrellt worrn. Socke Frogen höllt mien Fro nich mehr ut. Disse Frogen köönt blots Mannslüüd stellen, Mannslüüd, de to fuul sünd, mol een beten um sick totokieken oder to dösig, sick to marken, wo se wat henpackt hefft, seggt mien Fro.
Un ick segg; Wi köönt dor nix för, wi Mannslüüd, dat liggt in use Gene.
Wat is los?
Un denn heff ick ehr dat verkloort. In fröher Tieden, mol seggen in de Steentiet oder so, dor weern de Upgoven twüschen de Mannslüüd un Froonslüüd noch ganz fast updeelt. De Mannslüüd hefft joogt.
Wat hefft de joogt?
Na ja, Gazellen.
Gazellen?
De eersten Minschen stammt doch ut Afrika, un dor gifft dat Gazellen. Un wiel Gazellen so flink sünd, dorum mussen de Mannslüüd sick ganz vörsichtig ranslieken – druffen nich no links oder rechts kieken – blots liekut – un denn zack – mit een Speer de Gazelle dootsteken.
Aha, un dorum hefft Ji Mannlüüd bit vondogen den Tunnelblick, d.h. Ji köönt blots liekut kieken.
Stimmt hoorgenau.
Un wi Froonslüüd?
Ja, ji hefft in de Höhl up uns Mannslüüd luurt...
...un up de Gazelle...
Ja, an't open Füür, dor weern Ji för tostännig, un för de Kinner, de in de Höhl, also in de Wohnköök von de Steentietminschen an't Spelen weern, un wiel Kinner

ja jümmers Dummtüüg in Kopp hefft, mussen ji Froonslüüd jümmers rund um jo to kieken un upassen un dorum hefft ji bit vondogen de Översicht un weet wo allens liggt.

Ah ja.

Un dorum froog ick di nu nochmol: Wo is mien Brill?

Na goot, ick will di't seggen: boben up'n Kopp.

Un jo wohrhaftig, ick harr se in miene Hoor rinschoven. Herrlich, nu kunn ick endlich de Zeitung lesen. As mien Fro nu seeg, dat ick mol wedder mit de letzte Siet anfangen dee – wo't ja de neesten Photos von Katie Price, Dolly Buster un Jenny Elvers to bekieken gifft, dor sä mien Fro:

Na, büst' wedder up Gazellenjagd?

## Brikett

Ick heff ja bestimmt nix gegen Nostalgie, mi freut dat sogar, dat een poor von de olen Soken nu wedder up'n Markt sünd. Ahoi-Brause t.B. Heff ick mi ook al 'n lütte Tuut von köfft, an'n Finger lickt un denn so as fröher dat kribbelige Pulver dor ruthoolt. Hmmh. Uroolt sünd ja ook disse spitzen Schoh, de nu wedder in Mood sünd. Socke drogen de Froonsiüüd al in de fofftiger Johren un hefft sick dor de Fööt mit twei mookt, wiel de so eng sünd. Heff ick mien Deerns ook seggt. Dat sünd kien Schoh, dat sünd Fööttweimoker.

Egool, de mööt de hebben.

Schöön is ja – för mi – dat nu Cord wedder in is. Cord

dreeg ick ja an'n leevsten. Heff ick mi glieks 'n Jack un twee Anzüge köfft.
Doch wat mi ganz un gor nich egool is, dat nu in de Bomärkte socke Böötovends, socke Kamine anboden ward. Gegen disse Kamine hefft ick ja nix, de mookt sick goot in de Stuuv, wenn de ganze Familie dor umto sitt, heten Tee oder Grog drinkt un in't Füür kickt. Man mi mookt ja wild, dat wi disse Kamine mit Brikett befüürn schöölt. Brikett, dit Woort kann mi al mall moken. Brikett. In jeden Ovend keem fröher Brikett. Un de geev dat nich so schöön afpackt as nu – handlich, praktisch, mit so'n Metallband dor umto. Nee, wi kregen de Brikett ja von de Raiffeisen-Genossenschaft. Wenn in'n Sommer överall to lesen stund: Jetzt billig Kohlen kaufen! denn bestell mien Vadder een halven Hänger Brikett. Dree Doog loter keem denn een Lastwogen bi us vörfohrt un kipp sien halven Hänger Brikett vör de Stalldöör af – un denn mussen mien Süster un ick de emmerwies rinslepen. Wi druffen de overs nich eenfach in de Eck smieten, nix: upstopeln. Worum, weet ick nich. Ick heff een poormol to mien Vadder seggt: Meenst du, de brennt beter, wenn een de upstopeln deit?
Süht overs örnlicher ut, sä mien Mudder. Un wenn wi denn endlich dor mit klor weern, denn heet dat: So, nu goht man ook noch even röver no Oma, de hett ook Brikett kregen – ook'n halven Hänger, un de meen ook, dat dat veel schöner utsehen dee, wenn de Briketts fein upstopelt sünd.

Also, ick heff nix gegen Nostalgie – overs wenn ick wat von Brikett höörn do, denn ward mi't swart vör Ogen.

## Sült

Ick harr ja vör gor nich so lange Tiet Geburtsdag. Un denn gifft dat ja Geschenken. Böker, CDs un Blomen. Nu gifft dat ja ook jümmers wedder Lüüd, de överleggt sick ganz wat Besünners för so een Dag. So ook een olen Fründ ut de Heimat, de hett mi een Wustkorv schunken. Een lütten Bastkorv vull mit Mettwust, Lebberwust, Rotwust, Jagdwust, Schinken un Sült. In't Glas. Topfsülze. De Mettwust, Lebberwust, Rootwust, Jagdwust un den Schinken, denn hefft wi al meist up, man dor steiht jümmers noch de Sült. Un dor koom un koom ick nich ran. Mien Vadder weer ja Slachter, Huusslachter, un bi us wurrn ja all Johr twee Swienen slacht. Bün ick jümmers bi ween. Ook bi dat Wustmoken. Vadder, de kunn ja so lecker Mettwust, Lebberwust, Jagdwust un Rotwust moken. Un ook sien Schinken weer 1a. Un eerst, wenn all dat gode Fleesch wegarbeit weer, keem de Sült an de Tour. Denn in de Sült, dor keem ja allens rin, wat överbleven weer. Allens. Un wenn ick allens segg, denn meen ick allens. Lütte Fleeschstücken, de noch an de Knoken hangen deen, Speck, jümmers wedder Speck, ook Sworten, rin dor mit, un wenn de Hund den Steert noch nich wegsleept harr, denn keem ook de noch ünnert Mest. Un denn allens rin in den groden Fleeschpott, Solt un Peper dor an, Gelantine nich vergeten un denn rin in de Dösen. De muß ick nu todreihen – un nohst wurrn de dichtkookt. Wenn denn een poor Doog loter de eerste Döös up den Ovendsbrootdisch keem, denn seegst du kien Sült, du keekst up Smolt. Fingerdick. Un dor ünner weer de Sült, disse Mischmasch ut Speck un lütte Fleeschstücken un Sworten. Un denn seeg ick, mien Vadder harr nich goot arbeit: fief witte Borsten hefft mi ankeken. Dat fund ick ekelig, un dorum heff ick dor fingerdick Semp up smeert. Doch de Borsten weern starker as de Semp un keken dor bold dör un ick muss dat eten. Bah. Un dorum, wenn ji mi för Gewalt wat schenken willt – un dat schall nich een Book, een CD, een Buddel oder een Blomenstruuß ween – un ji koomt ook up so'n Wustkorn denn passt blots up, dat dor kien Sült bi is, denn bi Sült, dor höört bi mi de Fründschup up. Basta!

## Frikadellen un Beer

Mien Öllern harrn ja so'n olen Landgasthoff, mit Middoogsdisch un Jubiläumsfiern un Hochtieden, blots dat weern ja anner Tieden as nu. Is ja ook al veertig Johr her. Dat weer ja fröher allens anners. So 'n Verbraucherzentrale, de een Oog up allens harr un wo een sick ja beroden oder ook beklogen kunn, sowat geev dat nich. Ick weet noch, wo af un an mol een poor Lüüd von't Eichamt kemen. De muss Vadder denn de Köömbuddels up'n Disch stellen un denn wurd spindelt. D. h. de wullen kontrolleern, of Vadder den Kööm viellicht mit Woter streckt harr. Harr Vadder nich, wenn dat Eichamt keem, denn wi harrn ja al Telefoon un Vadder harr een goden Fründ bi't Eichamt. De hett denn achterher 'n Buddel Doornkaat kregen. Is ja vondogen ook allens anners. Vondogen kriggst du dat nich mehr rut. De koomt eenfach un willt denn allens sehn, ook un just de Köök. Dor hett Mudder ja fröher nüms rinloten. Se wull sick doch nich in jeden Pott kieken loten. Ehr Spezialität weern ja Frikadellen. Wenn de Sportvereen sien Versammlung harr, denn hett Mudder 50 Frikadellen mookt. Oma hett de Zippeln tweisneden – dat kunn de, ganz lütt, so mit'n ganz scharp Mest. Keem ook al mol vör, dat se sick dor in'n Finger bi snieden dee – denn weern de Zippeln ganz root. Overs Hackfleesch is ia ook root. Rin dor mit in so'n grode Kumm, ornlich Solt un Peper ran, Paniermehl nich vergeten un de Eier – un denn hett Vadder mit sien grode Hannen dat Ganze so dorwalgt. Dat kunn de. Dat Sweet stund em foken vörn Kopp – doch he hett wiedermookt – ook wenn em dat mol nich so goot güng un he hoosten muß oder sick snuven dee. Jümmers wiedermoken. Un disse Frikadellen, de weern di lecker, dat glöövt ji nich. De Smack – eenmolig! Un dat Spannenste för us Kinner weer ja

de anner Morgen, denn hefft wi gau keken, of dor viellich noch een Frikadell för us överbleven weer. Meist harrn wi Glück, blots eenmool hett Mudder vergeten, de in'n Köhlschrank to stellen, dor weern de weg. Harrn nachts de Müüs upfreten.
Is ja vondogen ook allens anners. Ook dat Beertappen. Wenn t.B. morgens Klock söven al de eerste dorstige Minsch bi us vörn Tresen stund – „Gau 'n Sluck un'n Glas Beer, gau, ick mööt no de Arbeit“ – denn heff ick as lütte Jung em noch vör de Schooltiet bedeent. Mit wat för een Vergnögen he dat Glas Beer wegneiht hett. Bühhaaahhh! mook he denn, gau noch den Kööm achterher un weg weer he.
Ick heff bit vondogen overs nich begrepen, worum dissen Keerl dat Glas Leckbeer von annern Ovend so lecker smeckt hett.

## „i“

Wi leevt ja in de „i“-Tiet, hefft Ji dat wußt? Is een Minsch oder een Sook in, denn geiht dat ut up „i“. Dat geiht so:
Wenn Du in de Zeitungen foken up de eerste, beter noch up de letzte Siet steihst, denn büst du een Promi. Wenn Du een Promi büst overs för längere Tiet verreisen mööößt – nich freewillig, meen ick, – denn büst du een Knacki. Süppst du toveel, denn büst gau een Alki. Geiht di't slecht un de Dokter mööt komen, denn gifft't Tabletten – mit Corti. Wenn de

nich helpt, un du nich mehr in noch ut weeßt, denn büst du depri.
Mien Fründ Peter is ja een echten Chauvi, denn he snackt von sien Fründin Karin blots as sien Tussi. Man Karin lett em dor ja nich mit dör. Se seggt he is een Schlaffi.
Fernsehn kiekt wi ja al lang nich mehr, dat heet nu TV, Radio is ook ut, de wat up sick höllt, de hett een Hifi. Ook bi't Eten is allens „i"! Loos geiht in't Ristorante Bellini mit een roden Martini, denn 'n groden Teller antipasti, achterher viellicht scampi oder makkaroni oder sphagetti, dorto gifft dat Brot mit Knobi un för de Kinner pizza funghi. De't lever griechisch mag, de bestellt sick Tsaziki oder Souflaki un achterher noch 'n Raki. Goot eten kannst ook bi'n Chinesen, to'n Bispill Nasi un Bami, doch wer echt in ween will, de geiht no'n Japoner un itt Sushi. Twüschendöör pingelt dat handy, denn mien Schnucki is galli, wiel Wauwi pipi mookt hett – up den nejen Pulli. Us Wauwi heet Daisy un süht ut as de Mosi. Ick segg Süßi, nu reeg di nich up, ick heff di wat köfft – een Ring mit'n Brilli. Mien Schnucki will overs kien Brilli, se schimpt blots: du Heini. Un ick segg, mien Putzi, nu wees wedder goot – bussi-bussi.
So, nu weet Ji Bescheed, ick bün groggi un segg tschüssi, Joe Spieki.

# Fix inkopen

Hefft ji al mol ganz vertwiefelte Mannslüüd sehn, Mannslüüd, de nich mehr in noch ut weet, wo de Pädagogen „total überfordert“ to seggen doot? Wenn nich, denn mööt ji mol in'n Supermarkt gohn un no Mannslüüd utkieken, de alleen inkopen doot – un twors to'n eersten Mol. Socke Mannslüüd, socke Eersttäter, de kannst du foors kennen. De hefft jümmers so'n lütten Zedel in de Hand, un de kiekt mit grode Kinnerogen an de Regolen hooch: Se söökt – un findt nix. Dat slimmste, wat so een Mann passeern kann, dat is, wenn up den Zedel steiht: Fix für Goulasch. Dor kann een normalen Mann nix mit anfangen! De stellt sick bi de Fleeschtheek an – un no'n halve Stunn ward em denn seggt, dat he in den Gang rinmööt, wo „Suppen und Fertiggerichte“ ansteiht. Doch disse Gang is de Höll. Up acht Meter Längde un twee Meter Hööchde steiht nu Tüüt an Tüüt. Fix für Chili, Fix für Hackbraten, Fix für Zucchini-Pfanne, Fix für Paprikaschnitzel, Fix für Schweinebraten, Fix for dit un Fix för dat, overs kien Fix för Goulasch. Dreemal al is disse Mann an dat acht Meter lange un twee Meter hoge Regol hen- un herlopen un hett Fix-Tüüt for Fix-Tüüt studeert – bit een barmhartige Fro dat nich mehr mit ankieken kann. Wat söökt Se denn?

Ohh, dat is ja düchtig nett. Ick söök – un nu kickt he nochmol up sienen Zedel: Fix für Goulasch. Och so. Kien Problem. Hier up de anner Siet. Wat? Ja, Se mööt sick blots umdreihen. Un wohrhaftig, dor is't: Fix für Goulasch. Besten Dank. Doch nu fangt dat Elend eerst an. Dat gifft ja söß Sorten Fix für Goulasch. Fix-Normol oder Fix-Ungarisch oder ook Fix för Wustgoulasch. Un all dree Sorten gifft dat von Unox, von Maggi un von Knorr. Dat is een Quool. Nu överleggt disse Mann. Overs he överleggt nich, wecke Soort smeckt an'n besten. Nee. So'n Mann denkt anners: wecke von disse söß Tüten bringt mi tohuus den wenigsten Arger in. Dor kümmt dat up an. So'n Mann denkt ja stressorientiert. Un wat verspreekt wenig Stress? Dat is doch klor: Fix-Goulasch-Normol von Maggi – un weeßt ook worum? Dat hett sien Mudder ook al nohmen.

## De swatte Placken

Kortens weern wi bi Heiner un Karin inloodt – Grillparty in ehr neet Huus mit Goorn. Mann, wi weern ja baff: dat ganze Huus all mit Holt utleggt un vertäfelt – un denn ook de Goorn wunnerbor anleggt – as so'n lütten Park. Minschenkind hefft wi all seggt: de beiden, de hefft Gesmack.
Twüschendöör muß ick – as dat so is – ook mol rut. Un ick mööt jo seggen, bi Heiner un Karin geiht de Kultur bit op't Klo. Dezente Farven – un een lütte Kist mit Böker. So wat gefallt mi ja allerbest. Un prompt harr ick mi fastleest. Tweemol al weern anner Gäst an de Döör – dicht. Na ja, no so'n lütte

Viddelstunn dach ick denn ook, nu ward't Tiet un spööl af. As ick denn Deckel dichtmoken wull, dor seeg ick in de Klosettschöttel een swatten Placken. So groot as een Teihncentstück. Also, dat kann ja so nich blieven. Just in den Momang probeert wedder een de Döör. Besett. Bün overs glieks klor. Een Placken! De kann dor nich blieven. De no mi kümmt, de denkt denn ja glieks: Gerd! Kien Benimm. Nee, nee, de Placken mööt weg, man ick kann un kann kien Klosettböst finnen. No goot. Spööl ick eenfach noch mol af. Ick drück den Knoop, dat Woter ruuscht dör de Schöttel – un de Placken is jümmers noch dor. Wedder probeert een de Döör. Damminochmolto. Ick bün glieks sowiet. Ah, ick, ick mööt dat mit Papier versöken. Also treck ick mi veer fief Blatt von de Rull, knüdel de tosomen un rubbel nu up dissen swatten Placken rum. Doch de blifft. Wedder geiht de Klink: ick mööt ook mol. Ja, in twee Minuten bün ick sowiet. Kniep de Benen tosomen. Eerst mööt disse Placken weg. Dat is to un to schaneerlich, just nu, wo se buten al anstoht. Ah, ick hefft't: ick probeer dat mit'n Kugelschriever. Un nu bück ick mi wohrhaftig över disse dösige Klosettschöttel un probeer mit'n Kuli dissen Placken wegtokratzen, dat Dings sitt ja fast as Pick.

Upmool bummert Heiner gegen de Döör: Gerd, Gerd, wat mookst du so lang?

Ick... ick... bün glieks sowiet.

Wenn Du just dorbi büst, den swatten Placken ut de

Klosettschöttel wegtokratzer, dat loot no. De geiht nich af. Is een Materialfehler. De neje Schöttel ward morgen inboot.
Ohhhh!

## Leevst du noch oder weerst du al?

Wi Minschen, wi mookt us ja jümmers veel Gedanken över us Leven. Wo dat is, wo dat ween is oder wo dat ween schall. Güstern, vondogen, morgen, Leven un Dood. Dor denk ick ook jümmers över no, un ick heff nu rutkregen, dat wi egens gor nich leevt. Klingt mall, is overs so. Wenn du een Minschen, also dien Mann oder dien Fro frogen deist: Wenn leevst du? Denn kiekt de di dösig an, is ja klor, un denkt: de hett se ja nich mehr all. Doch du giffst nich no. Du seggst: Geev Antwoort! Wenn leevst du? Denn segg de: Nu. Ick leev nu, in dissen Ogenblick.
Un genau dat is verkehrt.
Dat is doch so: in den Momang, wo du wat moken deist – eten, drinken, arbeiten, slopen un wedder upwoken –, is dat, wat du deist, al vörbi. Dat weer al. Du kannst plonen, wat du övermorgen, morgen oder glieks moken wullt, doch wenn du dat denn wohrhaftig deist, denn is dat al ween.
Den Ogenblick, to den wi , „nu“ seggen doot, denn gifft dat gor nich. Wenn mien Fro mi up de Arbeit anropen deit un froogt: Wat mookst du just? Un ick

denn segg: Ick drink een Tass Koffee, denn stimmt dat gor nich. Is dat nich... gediegen? Ick nehm de Tass in de Hand – will also drinken – Tokunft – sett ick de Tass an un sluuk den Koffee dool – is't dat al vergohn. Vörbi. Denn heff ick al Koffee drunken.
Mi mookt disse Gedanken bang, ehrlich geseggt. Ick överlegg al de ganze Tiet: Wat passeert egentlich mit mi? Leev ick oder leev ick nich? Denn ick mook ja nix. Ick will wat moken un ick heff wat mookt.
Dortwüschen is een groot, swart Lock. Dat eenzige, wat mi blifft, dat is dat Erinnern. Ick kann mi up dat besinnen – nich, wat ick mookt heff, nee, up dat, wat ick moken wull. Un dat is denn ook passeert. Un to glieker Tiet is dat ook nich passeert.
Un weeßt Du, wat dat heet? Du höörst mi ook gor nich, denn ick snack gor nich. Du wullst mi höörn, man wenn Du mi denn snacken höörst, denn is't al vörbi, denn hest du mi snacken höört, nee, denn hest du meent, du hest mi snacken höört.
Un dorum froog ick Di nu ganz in'n Eernst: Leevst du noch oder weerst du al?

## Platt

Wenn een plattdüütschen Schriever jichenswo ut sien Böker vördrägen deit, een Speeldeel mit een neet Stück vördag kümmt oder een plattdüütsche Musikgruppe ehr neje CD vörstellen deit, denn will ja tomeist de Börgermeister oder de Landrot oder de

Vörsitter von den Kulturvereen wat seggen. Tomeist mööt he denn eerstmol togeven, dat he kien Platt kann oder blots so'n beten, overs dat he sick noch goot besinnen kann up sien Oma un Opa, de ja blots Platt snackt hefft. Un denn kümmt dootseker wedder dat ole Leed von de schöne ole plattdüütsche Sprook. De is ja veel kommodiger as dat Hoochdüütsche, Platt, dat is doch wat för't Hart. Op Platt kann een ja allens veel beter, eenfacher un schöner seggen, vör all: op Platt höört sick dat ja nich so slimm an. To'n Bispill dat Woort Schiet, also op hoochdüütsch troot 'n sick dat nich to seggen.
Nu passt mol goot op, ji Börgermeisters un Landroten, ji Wöör-vörweg-Seggers. Ji hefft gor kien Ohnung, wo scharp, wo gemeen un wo groff de plattdüütsche Sprook ween kann. So as all anner Sproken ook. Köönt ji jo vörstellen, wo weh dat deit, wenn een Vadder to sien bangen Jung seggt: Stell di nich so an as een Kalv. Oder wenn een Mudder över de Hoor von ehr Dochder seggt: Du steihst ja to as een Struukbessen. Use Noversche bölk ehrn Keerl foken an un sä: Du Oss. Un he geev ehr dat retour: Du ole Zeeg.
Klingt dat op platt nich scharp, gemeen un hart? För den Jung un de Deern, för den Mann un de Fro woll. De wussen genau, wat dor mit meent weer: dat schull weh doon – un dat hett dat ook.
Natürlich kann Plattdüütsch ook ganz anners ween – fien, week un vull Hart – so as all de annern Sproken op de Welt ook.
Un wenn ji, Börgermeisters, Landroten un Wöörvör-

weg-Seggers, wenn Ji jümmers noch dat urole Leed von de schöne ole plattdüütsche Sprook singen doot, un ick bün dor bi, weet Ji, wat ick denn seggen do un twors so luut, dat se dat all höörn köönt: Schiet!

## Dit un dat

Wenn een sick dat mol so recht bekieken deit – in't Leven, meen ick, denn hefft ja veel Soken twee Sieden. Ja, dat hefft Ji al wußt, dat kann ick mi denken, man dat meist all Soken twee Sieden hefft, de sick nich utglieken doot as Doot un Leven, dat hefft ji nich wußt un ick meen sogor, dat dat in us Leven allens dorum dör'nanner geiht, wiel wi disse beiden Sieden egolgweg to bedenken hefft, overs nich doot.

Wat heet dat denn nu – twee Sieden? Ja, klor, wi kennt links un rechts, ünnen un boben, achtern un vörn, up un dool, hen un her – dat fallt ja jedeneen in un natürlich ook mien un dien, em un ehr, ick un du, Hund un Katt, Mann un Fro, Uul un Nachtigall. Wi dröövt natürlich Beer un Appel nich vergeten un Arfken un Wuddeln, Kohl un Röven. Denn gifft dat ja ook swart un witt, gröön un blau, root un geel, un, na klor, dumm un dösig, kort un kleen, arm un riek, dick un dünn, kort un lang. Un denn hefft wi ja noch gor nich över dat Eten snackt: Kohl un Pinkel, Himmel un Eer, Botter un Broot. Un dat Drinken: Sluck un Beer, Lütt un Lütt, Sekt un Selters.

Tja, dat harrst' woll nich dacht. Un denn fallt mi ja noch wat in: af un to, mi un di, he un se.
Un jümmers is noch keen Enn in Sicht: Geiht nich, gifft't nich. Hefft wi nich, kennt wi nich. Haust du mi, hau ick di, ick den een, du den annern. Miene Kinner, diene Kinner, Hans un Franz, Wust un Kees, Woter un Wien, Mann un Muus, Jack un Büx, Schoh un Stevel, Kind un Kegel, Schiet un Dreck, Solt un Peper, Donner un Doria!
Goot un slecht, vergeten un vergeven, vergeven ja, vergeten nie. Un denkt ji al, dat weer't? Nix. Nix! Himmel un Eer, Koffee un Tee, Damper un Seilschipp, backbord un stüürbord, Luv un Lee, vörn un achtern, Herr un Knecht, Krieg un Freden. Broder un Swester, Oma un Opa, Cindy und Bert. Sööt un suur, hart un week, natt un dröög.
Begriept ji nu, worum dat in de Welt so mall togeiht, wiel allens twee Sieden hett un so ward dat ook blieven, solang wi leevt, denn dat is dat A un dat O.

## Levensversekerung

Du segg mol, Gerd, sä mien Jung kortens to mi, hest du egens ook'n Levensversekerung?
Aha, dach ick, in de School hefft se de Versekerungen to foten.
Hefft ji dat just in de School?
Nee, ick will dat blots so weten.
Jo, ick heff sogor twee Leversversekerungen.

Oha.
Wat heet oha?
Un wo hooch sünd de?
Ick sä, dat weet ick so nich. Mööt ick eerstmol nokieken. Up jeden Fall is de ene 'n Kaptoollevensversekerung un de anner geiht up Risiko.
Mien Jung överlegg. Dat heet doch, up de ene spoorst du an...
Jo, un wenn ick 65 bün, denn ward de utbetohlt.
Wenn du nich vörher dootbliffst.
Stimmt, denn gifft dat Dubbelte.
Un bi de anner gifft dat blots Geld, wenn du doot büst.
Ja, dorum heet de ja Risikolevensversekerung.
Worum hest du de egens afsloten?
Also Kinner kööönt ja frogen. Ick sä: Dat ji afsekert sünd, wenn mi wat passeert.
Ah ja. Dat heet, um diene Sekerheit geiht dat gor nich.
Nee... dor hest du recht.
Mien Söhn keek mi upmol so gediegen an.
Hest du wusst, dat de tweetmeisten Moorde in Düütschland begohn ward, wiel de Ehepartner de Levensversekerung von den annern afkasseern will?
Du wullt doch nich andüden...
Ick snack von de Statistik, sä mien Jung.
Dat will ick hopen.
Ick snack dor von, dozeer he denn wieder, dat dat Leven dör een Levensversekerung blots noch halvmol so seker is as ohn Levensversekerung. Egens muss de Levensverunsekerung heten.
Ja, ja, overs bi Moord gifft dat nix.

Wenn de notowiesen is. An'n Ennen tellt dat, wat up den Dodenschien steiht.
Nu weer ick baff.
Du, Gerd, sä mien Jung denn noch, kannst du nachts egens noch goot slopen?

## Up'n Karkhoff

Woveel Johr bün ick nich bi Oma un Opa ween? Bi ehr Graff, meen ick. Fief Johr? Söven Johr. Eerst sturv Oma. 82 is se wurrn. Up'n Dodenbett hett se to Opa seggt: Koom mi man bold no. Un dat hett he denn veer Monoot loter ook doon. Nu willt se dat Graff uplösen. 25 Johr sünd um, stund in den Breef. Oder ick mööt dat wieder hüürn.
Wat de beiden dor woll to seggen deen? Wohrschienlich: uplösen. So weern de. Up kienen Fall länger Geld utgeven as nödig. Dorum schull dat Graff ja ook slicht ween. Dat hefft se jümmers seggt. Slicht.
Ick goh ja geern up Karkhööf. Graffstenen ankieken, Dode besöken. De Gedanken lopen loten. Hett wat. Ick leev, un de sünd doot.
De hefft't achter sick, hett Vadder jümmers seggt.
Hest du Angst vör'n Dood?, heff ick em as Kind foken froogt.
Nich vör den Dood, vör't Starven.

Oma un Opa ehr Graff liggt 'n beten achterto. Dat wullen se so. De 't slicht mag, will nich in de eerste Reeg liggen.

Mehr no achtern, hett Oma seggt. Nich dat de Lüüd up'n Karkhoff koomt un fallt glieks över us.
De eerste över den ick fall, dat is Heinz Klockgether. Heinz, dat weer di een. He weer 'n famosen Keerl an'n Tresen. Nich bi de Arbeit. De leeg em nich in'n Weg. Verheiroot is de nich ween. Em harr ook kiene nohmen. No mien Menen. Overs Kinner harr he. Woveel hett he nich mol sülvst wußt.
Un dor liggt Manda Schulz. Gott, ja, Manda. Wenn de een poor Johr junger un ick een poor Johr öller ween weer, denn... Tja, denn. Up een Party hefft wi us mol weddersehn. Un denn güng dat Licht ut. In't neegste Leven, heff ick to ehr seggt. Se hett lacht. Vergeet dat overs nich.
Un dat is dat Graff von Johnny Bartels. Unkel Johnny, as wi all seggt hefft. De harr so'n lüttjen Bäckerloden um de Eck. Bi em heff wi us Bontjen kofft.

Un ook stohlen.
Wat?
Ick drääg di dat nich no. Is verjohrt.
Wat... wat is hier los ? Unkel Johnny?
Ick weer... baff. Dor stoht Unkel Johnny un Heinz Klockgether. De sünd dor. De kiekt mi an. Up'n Karkhoff. Midden an'n hellichten Dag. Ick bün doch nich... Nee, ick bün nüchtern as een Kalv.
Overs... Ji sünd doch... doot stomer ick mi dat tosomen. Wo du recht hest, hest du recht, lacht Heinz.
Heinz, vertell em dat, seggt Unkel Johnny.
Tja, mien Jung, du hier bi us, up de anner Siet.

Wor bün ick?
Up de anner Siet. Up de anner Siet von't Leven, von de Welt. In'n Himmel, wenn di dat beter gefallt.
Ick begriep gor nix.
Denn dreih di doch mol um.
Un nu seh ick dat: ick ligg överdwars up Heinz Klockgether sien Graff.
Heinz, äh...
Dor hett di woll de Slag dropen.
Du wullt seggen, dat... dat ick doot bün?
Du seggst dat. Un anners kunnst du us nich sehn un nich mit us snacken.
Ick goh retour... no mi... no mien Liek.
Deit mi leed, dat ick just up dien Graff fullen bün.
Dor schöölt se di woll bold finnen un denn kriggst du ook een egen Kuhl.
So harr ick mi noch nie sehn. Doot, meen ick. De Ogen harr ick to, as in'n Sloop. Overs de Jack! De neje Jack. Twee Doog heff ick de, un nu is se al hen. An Heinz sien Graffsteen bün ick mit de Mau hangenbleven un ratsch! Inreten. Twee Doog, de Jack. Is doch 'n Jammer.

Dat is nu egool.
Manda stund achter mi.
Du hest tonohmen.
Ick heff vör 'n half Johr dat Smöken togeven. Dat sleit an.
To loot.
Wat – to loot?

Dien Hart hett schien's de veertig Zigarretten noch nich vergeten.
Du meenst...
Du hest'n Hartslag kregen, dat meen ick. Is overs nu ook egool.
Manda mit ehr swarten Hoor. Ick wull ehr jümmers al mol frogen, of se de farvt harr oder of de echt swart weern. Geiht mi egens ja nix von an. Se is jümmers noch een smucke Fro. Overs up een gediegene Oort is mi dat nu egool.
Ick heff Woort hooln, Manda.
Du meenst – in 't neegste Leven?
Se lacht.
Nu büst du doot. Dat gifft kien neegste Leven. Wi all hefft blots dat ene. Dor mööt wi mit utkomen. Upschuven köönt wi nix, in de Leevde al gor nich.
Wo meenst du dat?
Dat Rieten un Drieven, dat Willen un Lengen, dat is nu vörbi. Dat drifft di hier nich mehr um.
Schood.
Nee, dat is goot so.
Wo meenst du dat?
Dat warst du noch gewohr.

Ick mööt mi nochmol ankieken. Liek hensloon bün ick un heff dat nich markt. Egens 'n schönen Doot. Heff ick mi jümmers so wünscht. Batz, ut un vörbi. Overs doch nich nu al. Mit 55! Dat is doch kien Öller.
Ick weet: ole Lüüd mööt starven, junge Lüüd köönt starven.

Jo. Overs 55 is nich jung un nich oolt. Dat is kien Öller to'n Dootblieven. Dor hett een denn kien Tiet to. Mit 55 hett een Affären. Mit 55 hett een Termine. Mit 55 mööt een doch noch Geld verdenen. De Kinner studeert, dat Huus is noch nich afbetohlt. Un de Rente heff ick mi ook noch nich utreken loten. Mien Fro weet doch gor nich, wo all de Papieren sünd. De findt doch nix. Papierkroom is mien Sook.

Weer dien Sook.

Manda, ick mööt Klock dree bi Fa. Martens & Co ween. Wo loot is dat nu?

Wi hefft hier kien Klock.

Wat? Ji mööt doch weten...

Nee, de Tiet speelt hier kien Rull mehr. De Klockentiet, meen ick.

Gifft dat denn noch een anner Tiet?

So froogt se all, de hier ankoomt. Dat gifft sick. An de Tiet ohn Tiet mööt een sick eerst wähnen. Dat duurt 'n Tiet. Doot ween, dat mööt een lehren. De Lebennigen, sünnerlich, wenn se 55 sünd, de willt nix weten von den Doot. Von de Doden ook nich. De paßt nich in ehr Leven. De sünd een Last, un de kost Geld.

Ick heff mi versekert, mit Sterbegeld un so.

Denn kümmst du ja goot ünner de Eer.

Koomt se nich all ünner de Eer?

Nee, overs all koomt se hier an, up de anner Siet. Överbleven is noch nüms.

Mien handy pingelt.

Up dat Display seh ick, dat is mien Fro. Ick muß egens rangohn. Doch wat schall ick ehr seggen? Du, äh, ick bün doot. Jo, sturven! Overs mook di man kien Sorgen. Mi geiht't goot.
Manda, se mööt doch weten, wat mi passeert is.
Dat vertellt se ehr noch fröh genoog. Du kannst dor nu doch nix mehr bi moken. Schick di.
Ick mööt ehr doch tomindst seggen, wo de Ünnerlogen för dat Sterbegeld liggen doot. De findt de nie.
Nu tier di doch nich mehr so. Begriep doch endlich.
Wat schall ick begriepen?
Dat du dat büst, wat du büst: doot.
Manda, ick müch geern mit mien Grootöllern snacken. Dat geiht um ehr Graff. De liggt nu al 25 Johr hier up dissen Karkhoff un nu willt se dat Graff uplösen. Ick much ehr ja frogen, wat se dor von holen doot, dat geiht doch um ehr...
Um ehr Graff! Meist harr ick seggt, ick lach mi doot.
Dien Grootöllern sloopt al lang. De hefft dat schafft.
Wat hefft de schafft?
De sünd in de Ewigkeit.
Un ji... wi sünd dat noch nich?
Nee, wi sünd noch nich sowiet.
Wat mööt een denn dor för doon?
Manda nimmt mi bi de Hand.
Dat is so: solang buten, up de anner Siet, solang dor noch een is, de nich sien Freden mit di mookt hett, solang findst du kien Roh. Eerst wenn du mit di un disse Minschen in't Reine büst, eerst denn findst du in den ewigen Sloop.

Dusend Gedanken scheet mi upmol dör'n Kopp. Ick kann teihn, twölf, twintig, hunnert Lüüd uptellen, mit de ick noch nich in't Reine bün. Is doch klor. Solang du Termine hest, büst du mit nüms in't Reine. Mien Chef, mien Kollegen. Wat ward de för'n Arger hebben, wenn de sick dör all dat Chaos up mien Schrievdisch dörwöhlen mööt. Bit de dat Password up mien Computer knackt hefft! Schood, weer dor geern mit bi ween. Up mien Password koomt de nie: Schietfirma. Un denn Anke. De glöövt doch wohrhaftig, ick loot mi wegen ehr scheden. Goot, in't Bett seggt een so dat een oder anner. Overs scheden loten, dat kann ick mi gor nich leisten. Dat seht Froonslüüd as Anke nich in. Ook bi Martens & Co ward se mi so gau nich vergeten. De Kostenvöranslag weer natürlich een beten ünnerdreven. Overs dat mookt se doch all so.

Segg mol, Manda, worüm büst du denn noch nich in de Ewigkeit? Mit wen büst du denn noch nich in't Reine?
Annersrum. Dat gifft Lüüd, de mi noch wat nodräägt. Mien Deern t.B., de meent, ick harr ehrn Broder jümmers vörtrocken?
Un? Hest du?
Dat speelt nu kien Rull mehr. Se meent dat, un dat alleen tellt.
Dat is allens?
Natürlich nich. Overs dat geiht blots mi wat an.
Ick goh retour no Heinz.

Von di gifft dat woll noch een poor Beerdeckels, de du nich betohlt hest.
Beerdeckels is goot. Ick heff 155000 Schulden achterloten.
Mark oder Euro?
Dat speelt up disse Siet kien Rull mehr. Ick heff dree Kinner...
Loot mi roden – un för kieneen Alimente betohlt.
Geld, Geld. All, de just hier ankoomt, denkt an Geld.
För mi tellt anners wat: De Gramm von de Froonslüüd verarvt sick wieder up de Kinner.
Oha, denn hest du dor ja noch lang wat von.

Unkel Johnny hett bit nu nix seggt. He sitt up sien egen Grafsstee un luustert us to.

Unkel Johnny, du büst doch al siet...
...22 Johr...
...siet 22 Johr doot.
Overs Mimi leevt noch.
Tant Mimi.
Mimi is een so gode Fro. Mien Bild steiht bi ehr up't Nachtschapp un jeden Ovend vör't Inslopen kickt se mi an un weent. Se kann mi nich vergeven, dat ick vör ehr gohn bün.
Overs dat is doch nich gerecht.
Up disse Siet gifft dat een anner Gerechtigkeit, seggt he. Hier hest du Tiet, noch mol över allens notodenken. Un dat is goot so. Eerst denn büst du proot för den ewigen Sloop.

Ick will nu doch dat Graff von mien Grootöllern sehn. Dor bün ick ja um komen. Een Troost is ja, dat de mehrsten Doden ehrn ewigen Sloop al funnen hefft. Sogor Korl Bargmann. Von den hefft wi ja all meent, he harr sien Fro umbröcht. Mit Gift. So över Johren. Sien Ökelnomen weer ja dorum Rasputin. Egens Dummtüüg, denn Rasputin is ja umbröcht wurrn. Nu liggt he in Freden gegen sien Fro. Is woll doch nich wohr ween. Un dor, dat Graff von Hannes Jürgens. Hett sick mit 22 dootjoogt – un sien Deern seet gegen em. De slöppt ook al. Un sogor Karla von Minden slöppt. Karla hett sick dat Leven nohmen. Se weer deepsinnig, hefft de Lüüd seggt. Oha, dat weer een Schandool, as us Pastoor ehr een ganz normool Gräffnis tostoon hett. Dat speelt schien's up disse Siet ook kien Rull.

Segg mol, Manda, wo schall ick dat seggen, gifft dat sowat as...
...as den leven Gott? Wat för een Froog.
Kümmt de hier mol vörbi?
He is al dor. He is jümmers dor. Överall. He höört, wat wi snackt, he föhlt, wat wi föhlt, un he weet, wat wi denkt. Up disse un up de anner Siet.
Up de anner Siet ook?
Hest du em nich spöört?
Ick harr Termine.
Tja, he nich.
Ick much to geern weten, wat he to Karla von Minden seggen deit. Also, sick dat Leven nehmen, dat geiht

doch nich. Dat steiht nüms to, meen ick. Un dat Heinz nich för sien Kinner upkomen is, dat kann em doch ook nich egool ween.
Manda kickt mi an.
Du hest noch nich veel begrepen von disse Siet. Doch dat kümmt noch, wenn du över dien egen Leven nodenken deist.
Na ja. Bi mi geiht dat ja nich um Leven oder Doot un ook nich um Bedrögeree.
Ja, ja, verdreih du di man. Wat de Minschen sick so denkt, wat de leve Gott meent, dor kann he blots över lachen.
De leve Gott kann lachen?
Jo, anners wurd he dat mit us ja gor nich uthooln.
Lett he denn ook mit sick snacken?
Snacken kannst du mit em, overs nich verhanneln. He höört to. Dat helpt, dat du mit di in't Reine kümmst.
Un ook mit em?
He is mit us jümmers in't Reine. Wi nich mit us.
Mööt ick mi bi em een Termin geven loten?
He hett jümmers Tiet för di, overs du mußt di ielen, wenn du noch bi dien Grootöllern vörbikieken wullt.
Se koomt al!
Wat heet dat?
Na, kiek mol, Charlotte Müller hett di funnen.
Charlotte Müller? Ick dach, de weer al lang weg, ick meen hier.
Dat gifft Lüüd, de starvt vör Kummer, un dat gifft wecke, de köönt för Kummer den Dood nich finnen. Dor höört se mit to.

Charlotte Müller heff ick nie utstohn kunnt. De hett mien Mudder vertellt, dat ick smöökt heff as ick veerteihn weer. Un dor hett dat wecke langs de Backen geven. Besinn ick mi noch as vondogen up.
Du kannst nu mit ehr dienen Freden moken.
Wat mookt se denn nu?
Se geiht weg. Se ward een Notarzt ropen.
Dat schall se nich.
Se meent dat doch goot.
Goot menen is nich jümmers goot doon.
Oh, so bi lütten kümmst du up disse Siet an. Doch nu loop to, wenn du dien Grootöllern noch besöken wullt.
Goh mit mi, Manda.
Nee, dat is dien Sook.

Dat Graff süht nich goot ut. Wo schull't ook? Mudder un Vadder liggt up'n annern Karkhoff. Wiet weg. Beide Gräver to plegen, dat geiht in't Geld.
De Koniferen sünd örnlich in'n Spill schoten. Egens mööt de rut. De Graffsteen is vermoost. Dat kümmt dor von, wenn een partout afsiets liggen will. Dor kümmt de Sünn blots nomiddogs noch hen.
Oma un Opa weern 60 Johr verheiroodt. Diamantenhochtiet hefft se noch fiert, denn kreeg't Oma an de Lung. Smöökt hett de nich. Overs dor geiht't nich no. Opa wull denn ook nich mehr leven. 60 Johr tosomen. Of se glücklich weern? Se kunnen tomindst nich mehr een ohn den annern to. Bi de beiden weer ja allens inspeelt. Upstoon Klock söven, Fröhstück halv acht. Opa hoolt de Zeitung rin, Oma gütt den Koffee in.

Opa leest de Dodesanzeigen vör. Klönsnack. Wat eet wi to Middag? Arfkensupp. Opa much an'n leefsten Suppen eten, wegen de Tähnen. Middag Klock twölf. Denn 'n Stunn liggen gohn. Koffee drinken. Ovendbroot. Denn no'n Bett.

Een Fernseher harrn de nich. To düür. De hefft ook nie Urlaub mookt. Nich eenmol.

Günnt jo doch mol wat, hefft wi so foken seggt.

Wat günnen? Dor sünd wi nich bi her komen.

Se hefft natürlich ook an us dacht, an de Arven.

Een beten wat mööt dor doch bi överblieven, bi so een lang Leven. Wat wullen ji woll för Ogen moken, wenn dor nix up't Bankbook is, hett Opa jümmers seggt.

Dat kann jo doch egool ween – wenn ji doot sünd.

Is dat overs nich.

Viellicht hefft de beiden een beter Leven hadd as ick mit mien Fro. No anner Deerns kieken, dat weer mien Opa nich infullen. Un Oma 'n annern Keerl? Dat al gor nich. Nu sünd se tosomen in de Ewigkeit.

De Notarzt is dor. He ward di in't Leven retourhooln.

Manda, dat will ick nich. Ick much lever hier bi di blieven.

Ick denk, du hest Termine.

Ick seh, wo de Notarzt sick an mi ranmookt. Nu mol sinnig. He ritt mien dat Hemd open un belustert mit sien Stethoskop dat Hart. He ritt mi de Jack dool. Nu is se totool hen.

Nu man gau! röppt he. Mit 'n beten Glück kriegt wi em noch.

Ick kiek dör een Nevelwand, ick höör wat – piep – piep – piep – mien Hartslag – un Stimmen sünd dor, liesen, dör'nanner.
Ick föhl een warme Hand up mien Hoor.
Ick bün't, Swester Karin.
Wor bün ick hier?
Se sünd hier up de Intensivstation. Ehr Hart, Se hefft een Infarkt hadd. Up'n Karkhoff.
Ick wull mien Grootöllern besöken.
Overs se harrn een Schutzenengel. Een Fro hett se funnen un den Notarzt ropen, un de weer tofällig in de Gegend. Mannomann, so'n Dusel mööt een hebben.
Dat heet, ick leev noch? Un ick dach, mit dat Starven gung dar ganz licht.
Deit dat ook, blots mit dat Dootblieven is dat so'n Sook.
Dat köönt Se woll seggen.
Up ehr handy heet een anropen.
Mien Fro.
Hier steiht Dagmar.
Dat is mien Fro.
Schall ick ehr Bescheed seggen?
Jo.
Un wat schall ick ehr seggen?
De Papieren, de liggt bi mi in't Büro.

# Mien Leven

Ick bün ja Johrgang 1952, as ick 11 weer heff ick mien eerste Zigarett smöökt, mit 12 mien eerste Beer drunken, mit 15 den eersten Köm un mit 16 hett mien Vadder för mi de eerste Levenversekerung afsloten. In't sülvige Johr harr ick mien eerste Fründin un mit 17 bün ick dat eerste un eenzige Mol sittenbleven. Mit 18 heff ick mien Föhrerschien mookt – foorts bestohn – mit 20 heff ick heff ick Abitur mookt, so even un even – un denn bün ick uttrocken – un heff mien twede Levensversekerung afsloten. Denn wull ick een Roman schrieven – *Der Mantel des Schweigens* – dor is nix ut worrn. Denn wardst du even Schoolmester, heff ick dacht. Doch dat hett ook nich klappt. Denn wardst Du even Architekt – wurd overs ook nix – un ick heff mien drüdde Levensversekrung afsloten. Is goot, is goot, mookst du ganz wat anners: Buur. Doch mien Öllern harrn blots een lütt Stück Land von knapp veer Hektoor – wedder nix. Denn even nich. Heff ick eerstmol heiroot – un binnen acht Johr harrn wi veer Kinnner. Bün ick bang worrn un heff een Risikolevensversekerung afsloten. Twüschendöör drööm ick wedder von mien groden Roman – *Das Dach der Welt* – een Bericht över mien Kinnertiet op'n Lannen ut de Sicht von een Uul, de bi Buur Martens boben in de Schüür ehr Nest harr. No dree Sieden is mi de Stoff utgohn. In de Twüschentiet harr ick mien eersten Autounfall un heff över mien Leven nodacht. Resultoot: Levensversekerung Nr. 4. In de neegsten 8 Johr is nich veel passeert, wat mi to denken

geven hett. Un dat mi dat to denken geven hett, hett mi eerst recht to denken geven. Nu keem mien 45 sten Geburtsdag. Een slimmen Dag. Mi wurd klor: nu geiht't up'n Rest. Heff ick wedder an mien groden Roman dacht. De schull nu heten: *Faulelfmeter.*
No annerthalf Sieden wuss ick al nich wieder. Mien egene Footballtiet leeg al 30 Johr retour – un domols geev dat noch kien Afseitsregel – för de Lütten tomindst. Do gung mi dat slecht: 45 Johr, 4 Levensversekerungen un dree afbroken Romane. Overs mien Jung hett mi wedder opboot un seggt, ick schull dat mit den Romaan nich upgeven. Un een Titel harr he ook al för mi: *Die verkrachte Existenz*.

## Parka

Kortens heff ick in'n Keller so'n lütten Kuffer funnen, de weer stief vull mit ole Biller, Photos ut mien Schooltiet. As ick dor so in rumwöhlen dee, keem mien Deern dor över to un kunn sick ja meist vör Lachen nich mehr inkriegen.
Phhh, dien Hoorsnitt, Gerd, dat süht ja verboden ut!
Ja, dat seeg ook verboden ut. Us Friseur kenn blots enen Snitt: Fassong-kort – as bi den Wellaformmann. Un wat hest du denn dor för een gediegen Strickjack an? De Arms sünd ja veel to lang.
Stimmt ook. Sowat hett Mudder fröher op Towass strickt. Un denn hool ick een Photo ut den Kuffer, dor hett mien Deern sick ja meist natt mookt.

Wat is dat denn för so‘n grönen Sack, denn du dor anhest? Ook op Towass?
Dat is kien Sack, dat is’n Parka.
Een Wat?
Een Parka, de Jungelüüdkultmantel.
Kann goot ween, süht overs ut as’n Sack.
Oohh, du hest ja överhaupt kien Ohnung. Enn von de 60er Johren weer disse Parka us een un all. Ohn Parka weerst du een ...
Nix?
...ja, ohn Parka weerst du von vörgüstern, een Schietbüdel, ohn Parka leevst du achtern Moond. Wenn du „in“ ween wullst, du musst du so een echten grönen Parka hebben. Mit ganz depe Taschen. Un just dat wullen miene Öllern nich.
Ja, wiel dat een Sack weer.
Nee, wiel dat us Levensgeföhl weer. Disse Parka, dat weer Protest gegen Vadder sienen Lodenmatel un sienen Klepper.
Aha. Overs disse Parka keem dor wohrschienlich ut Amerika, oder?
Jo, ut de US-Armee, wenn du´t genau weten wullt.
Un sowat hest du antrocken, du as Wehrdienstverweigerer?
Jo, overs dat weer us doch egol, disse Parka ...
Ick, weet, dat weer Protest.
So is dat.
Schall ick di wat seggen, Gerd ...
Na?
... du sühst gor nich so slecht ut – as Protestsack.

# Mama

Hest du dor noch Töne? Jede drüdde Düütsche telefoneert jeden Dag mit sien Mudder! Un noch veel mehr, sogor 75 % roopt tomindst eenmol de Week bi Mama an. Tomeist an faste Doog un ook to'n faste Tiet! Un wehe, du verpasst dat! Geiht gor nich. Oh, ick heff mi ja al socke Sorgen mookt. Sorgen! Anropen schall doch Spooß moken.
Nu is dat overs nich jümmers so, dat de Kinner tohuus anroopt, nee, bit se veertig sünd, röppt vör all de Mudder foken bi de Kinner an. So süht dat ut.
Mien Indruck: Nich de Kinner koomt von ehr Öllern nich los, nee, annersrum. Un dat is kien Spooß.
Glöövt mi, ick weet, wo ick von snacken do. Mien Mudder harr ja ook an'n leefsten dreemol de Week bi mi anropen. Doch as ick mit 20 endlich uttrecken bün un studeern dee, dor harr ick keen Telefon. Kunn ick mi as Student nich leisten. Bí mi in de Stroot geev dat een Telefonzelle, un von dor heff ick denn versöcht an´n Sönndag tohuus antoropen: Moondschientarif. In de Week weer mi dat to düür. Blots an'n Sönndag wullen se ja all telefoneern un dat hett dat Nett von de Düütsche Telekom nich uthooln un is jeden Sönndag tosomenbroken: Düüt, düüt, düüt ... Dat klingt mi noch in de Ohrn. Dorum kunn ick eenfach nich tohuus anropen. Hett mien Mudder sick Sorgen mookt. Overs ick wull un much dat ook nich – disse ewige Anroperee. Se wull ja ook, as ick al verheiroot weer, dat, wenn wi no een Besöök wedder nohuus, no us egen neje Tohuus fohren

deen, dat wi anropen schullen: Sünd goot ankomen. Een poormool hefft wi overs in'n Stau fastseten – un as wi us denn endlich no veer Stunnen mellen deen: Och, ick heff mi ja al socke Sorgen mookt. Gräsig. Eenmol heff ick seggt: Wenn wi to Mallöör komen weern, harrrn ji al lang Bescheed kregen – von de Polizei. Un denn heff ick dat instellt un blots noch anropen, wenn ... nee, nich wenn ick Geld hebben wull, nee, wenn mi dor no weer. Wenn ick dor Lust to harr.

Un so hoolt wi dat mit us egen Kinner ook. To'n Bispill use twede, de studeert ja nu al siet twee Monoot in Sweden – un hett sick eerst eenmol meldt – as se ankomen is. Kunn ick vonovend viellicht ja mol anropen. Nee, ick mook mi kiene Sorgen. Quatsch. Ick heff dor eenfach Lust to, Mann!

## Dalla Dalla

In Oostafrika, dor löppt dat Leven ja anners af as hier bi us. Hier hett ja jede Familie een, wenn nich twee oder noch mehr Autos. Dat is dor totol anners. De allerallermeisten Familien hefft kien Auto. Dor heff de nich dat Geld för. De sick dat leisten kann, de fohrt een lütt Motorrad. Dor steiht *Hond* op. Nich *Honda*. De süht twors ut as een Honda, is overs kien. De is nomookt un kost dorüm ook blots halv so veel. Wenn du in de neegste Stadt to'n Inkopen wullt, denn stellst du di an de Stroot un töövst op den neegsten Dalla Dalla, de all Ogenblick vörbi fohrt.

Dalla Dallas sünd so groot as use VW-Busse, use Bullis, sünd overs von Toyota. De sünd bi us toloten för 9 Lüüd, denn de hefft bi us ja dree Bankregen un in jede Reeg kööont dree Lüüd sitten. In Tansania hett so´n Dalla Dalla söß Sitzregen, dor kööont also 18 Minschen in sitten un wiel ja twüschen de Regen ook noch jümmers Platz is, kööont ja ook noch bit to teihn Minschen dor in stohn. Goot, dat is ook för Tansania ‘n beten veel un wenn Gendarms an de Stroot stoht, denn gifft de Bifohrer een Teken un de sick duken kann, de duukt sick denn. De Bifohrer, dat is meist een Jung von 15/16 Johr, de sammelt ook dat Fohrgeld in. Ganz fröher weern dat mol Dollars, nu tansanische Shillings, overs von de Dollars is de Noom bleven: Dalla Dalla. Dor sitt un huukt een ja nu dicht op dicht: dreeunwtintig Swatte un twee Witte. Mien Fro un ick. Wi harrn foken just so goot mit‘n Taxi fohrn kunnt, kost mit use Euros nich mehr as ‘n Appel un Ei, man dat hefft wi nich doon, denn de Fohrt mit so‘n Dalla Dalla is eenmolig. Dat duurt meist nich lang, denn snackt di een von de öllern Mannslüüd an. De will weten, wo du du herkümmst, woveel Kinner du hest un wat du al allens beleevt hest in ehr Heimat. Un all hööört se to: 25 Lüüd. Un an‘n schööonsten is dat, wenn du een lütte lustige Geschicht vertellen kannst, denn lacht de ganze Dalla Dalla. „Hör mal‘n beten to“ in Tansania. Un dat is mit Dollars nich to betohlen.

# Pole Pole

Wenn du een frömd Land bereisen deist, denn – so geiht mi dat – denn farvt mit de Tiet dat Leven un Föhlen von de Minschen op mi af. As ick in Frankriek leeft heff, dor fullt mi op, dat ick achtert Stüür mit de Tiet de Verkehrsregeln nich mehr so genau nehmen dee as ick dat in de Fohrschool lehrt harr. Un in Italien fund ick, dat to jede Mahltiet een Glas Wien höört. In Tansania nu, dor heff ick markt, dat al no een poor Doog disse düütsche Hektik von mi affullt. In Tansania löppt Leven anners af – dit Gau-un-Fix-Denken un Doon, dat is nich dat oostafrikaansche Levensgeföhl. Hier geiht allens pole pole: Sinnig, mit Bedacht, nich Hals över Kopp. Ick heff kien Tiet – dat heff ick in Tansania nie höört. De Minschen hefft Tiet, wiel se sick de Tiet nehmt. Wenn du op de Stroot een Fründ bemöten deist, denn winkst du em nich von wieden to: Moin, overs ick möt gau wieder. Nee, in Tansania heet dat pole pole. Disse Fründ hett di wat to vertellen, över sien Familie, un du schasst em wat över dien Lüüd vertellen. So geiht dat. Pole pole.

Tansania is – vergleken mit Düütschland – een Entwicklungsland. Dor gifft dat t.B. nich an jede Eck ´n Geldautomat. In so´n Stadt mol seggen as Pinnbarg gifft dat twee Geldautomoten. Wenn du no Fierovend oder an‘n Wekenenn wat hebben wullt, denn muß du Tiet mitbringen. Dor stoht meist fief bit teihn Lüüd vör di. Pole pole. Wiel ick overs ook in Tansania mien Gedanken doch jümmers wedder in Düütschland rumspökeln deen, weer ick Stammgast in de Internet-cafés. Doch de Computers loopt dor nich mit High Speed un DSL. Nee, dat duur fief, ook al mol teihn Minuten, ehr ick mi mien E-Mails ankieken kunn. Eerst hett mi dat wurmt. Doch as ick denn nochmol teihn Minuten dor op verwennt heff, E-Mails open-tomoken, in de mi Bedrögers Rolexuhren un Viagra-Pillen andreihen willt, dor heff ick den Computer utstellt, bün in dat neegste Café gohn, heff mi een Buddel Kilimanjaro-Beer bestellt un heff dacht: Pole pole. Ji köönt mi all mol.

## Mzungu

Wenn du dör Ootsafrika reisen deist, denn büst du för de Minschen dor een Mzungu. Een Witten, een Europäer. So lang as se dienen Nomen nich kennt, warst du Mzungu ropen. As wi mol dör Arusha maschiert sünd – Arusha is een Stadt mit rund 350 000 Inwohners – dor keem us een Mudder mit ehrn lütten Jung in de Mööt. De keek us an un reep mit grode Ogen: Mzungu, Mzungu! De harr noch nie witte Minschen sehn. Sien Mudder weer dat genant, doch mien Fro sä blots: Jo, mien Jung, wi sünd Mzungus. Denn kemen wi an een Motorradwarkstee vörbi un dor putz een just an sien nogelneje, blitzblanke, in de Sünn blenkern Fake – Harley Davidson rum. Fake heet: De süht meist so ut as een Harley, föhlt sick so an as een Harley, is overs kiene. Un dor kunn ick mien

Ogen nich von wegrieten. Dat harr de gode Mann ja foors sehn un reep: Hey Mzungu, come and have a look. Ick mit mien Fro dor nu ja hen un hefft dit wunnerschöne Motorrad bestaunt. De Fake-Harley wurd ansmeten un klung ook meist so as een Harley, mien Fro schull sick dor op hensetten, ick heff een Foto mookt – un denn heet dat: You can buy! Kopen? Nee, egens jo, man, de krieg ick doch nich in'n Fleger mit. Och so, ja, schood. Dat verstoht wi. Goodbye, Mzungus.
Man denn kemen wi an een Bank vörbi un wullen noch Shillnge ut'n Geldautomoten trecken. 15 Lüüd weern vör us in de Slang. Kien Problem, stellt wi us ook an. Man een poor Doog vörher, bi een anner Bank, dor güng dat mit use Kort nich. Dorum bün ick eerstmol ringohn un heff een von de Wachlüüd froogt, of he mi Utkunft geven kunn. Un de is denn glieks mit mit hen no den Geldautomoten ... ick sä, nee, ick müch blots weten ... hett den neegsten Kunnen retourwiest ... ick sä, ick will doch blots weten, of mien Kort ... doch he hett mi de Kort afnohmen, in den Geldautomoten steken ... please, your pincode – de Geheimtohl un denn keem ook all dat Geld rut. You're welcome. To Deensten. Thank you. Un denn muss ick rut – an de 15 Lüüd in de Slang vörbi no mien Fro hen. Ick weet nich, wat de Lüüd von mi dacht hefft, man ick weet, wat ick dacht harr, wenn ick dor stund: Schiet Mzungu.

## Cool un Sexy

De Spegel seggt de Wohrheit. De Spegel in de Bodestuuv meen ick. Överdüütlich wiest he mi, dat se sick nu al meist över mienen ganzen Kopp utbreedt hefft – von den Boort över de Schläfen bit in den Nacken. Ick snack nich von Lüüs, ick snack von miene griesen Hoor. Bi de eersten heff ick mi noch verjoogt un dacht: Du warst oolt un jedeneen kann dat sehn. Klor, ick kenn ook den Snack: Griese Hoor, de wiest, wo klook, seker un erfohren du büst. Just as Mannsminsch. De Wohrheit overs heet: Gerd, du hest den dicksten End von den Stuten al up. Bi di löppt al de twede Halftiet, al lang löppt de.
Ick heff denn dat mookt, wat de mehrsten Lüüd moken doot, se kiekt up de Prominenten, de Trendsetters. Un wat schall ick jo seggen – jümmers mehr stoht to ehre griesen Hoor. All vöran de Schauspelers George Clooney un Diane Keaton. Weest doch, he weer de Star in Ocean's Eleven, Twelve un Thirteen un se hett in den Paten 1-3 mitspeelt. Oscarpriesdrägers all beid. Echte Vörbiller.
Un dorum, as wi kortens so'n lütte Fier in us Firma harrn, dor heff ick mi an ene Kollegin ranmookt, de mi al ... länger gefallen deit. Un wat seh ick? Mank ehr swatten Hoor mengeleert sick ook al de eersten Sülverstriepens. Dor heff ick us beiden een Glas Wien hoolt un seggt: Finn ick goot, dat du ook to diene griesen Hoor steihst. Süht doch cool un sexy ut. Wat Diane Keaton un George Clooney köönt, hah, dat köönt wi beiden doch al lang.

Prost!
Dor hett se mi scharp ankeken. Ick will di wat seggen: George Clooney, de is tomindst teihn Johr jünger as Du, un dat kann een ook sehn. Un Diane Keaton, de is twintig Johr öllers as ick. Doch dat hest du schiens nich sehn.
Tschüüs!

## Wat wullt du?

Wat de Wetenschup so rutfinnen un as grode Nejigkeit verkopen deit, dat weet ick foken al lang. To'n Bispill sünd se dor nu up komen, dat Mannslüüd un Froonslüüd sick nich verstoht. Also, nee, dat sick sick verkehrt verstoht. Dat se de Signole, de de een an den annern utsennen deit, in'n verkehrten ... ick will seggen, bi dat Flirten, dat Poussieren löppt dat foken scheev un nüms weet so recht worüm dat nix worrn is mit em un mit ehr, mit di un mit mi. Kiek mol: De Mannslüüd, denkt de Froonslüüd, sünd foken veel to gau, se goht to forsch ran, un denn denkt de Mannslüüd, de Froonslüüd willt nich, dorbi willt se woll, bloots nich so fix, un dat begriept de Mannslüüd gor nich un weet nich, will se oder will se nich, un denn meent he ehrder mol, se will nich, wat overs gor nich wohr is, se will woll, blots se gifft em dat nich so direkt to verstohn. Mannslüüd sünd klor un düütlich, goot, du kannst ook seggen, eenfach un slicht, ehrlicher, Froonslüüd

sünd wat komplizierter, verspeelter, geheimnisvuller. Mol kiekt se di an un du denkst: Hah, nu ... nu is ... dat bold sowiet. Du kickst retour, ehr direkt in de Ogen, un denn ... schull se di egentlich anlachen ... overs dat deit se nich ... se töövt af un du denkst, ick mööt düütlicher warrn , klorer, se will weten, wat du wullt, un dorum lettst nich no, du geihst nich retour, in'n Gegendeel, du woogst di noch een Tree wieder vör, du hoolst all dien Charme rut, du ... du kümmst dichter ran, se schall doch marken, dat du dat eernst meenst, nu kannst du di troon, ehr dat to seggen, wat du ehr al lang seggen wullst – un denn seggst du dat. Mit de schöönsten Wöör, de du kennst un de weekste Stimm, de du hest. Un wat is? Se steiht up un geiht weg. Weg! Se lett di stohn un geiht weg! Un dorbi heff ick doch nix seggt, nix Slimms, meen ick, dat weer doch ganz harmlos meent as ick seggt hebb:
Na, krieg ick nu endlich diene Wohnungsslötel?

## De ewige Leev

Minschen sünd een gediegen Volk. De alleraller-meisten glöövt an de ewige Leev, se glöövt, dat gifft enen eenzigen Minschen, mit den se dat ganze Leven tohoop blieven willt. Un kööнt! Un dorum ward ja ook jümmers wedder heiroot. Un bi de Heiroot verspreekt sick disse Minschen denn, dat se för jümmers un ewig bi'nanner blieben willt. Doch

wat kümmt denn? Knapp 50% hoolt dat denn doch nich mit'nanner ut un loopt no nichmol teihn Johr wedder ut'nanner. Gifft dat de ewige Leev also nich oder weern dat blots de Verkehrten, de dor heiroot hefft? Gifft ja ook Lüüd, de meent, dat Internet weer Schuld. Dat leeg an de velen „Seitensprungagenturen", de dat ja nu in't Internet gifft. De bringt de Minschen al bi de lüttste Krise up dumme Gedanken. Ick heff dat Woort „Seitensprung" ja mol ingeven un heff in 0,16 Sekunnen knapp 7 Millionen Indräge funnen. „Wie geht man erfolgreich fremd ohne erwischt zu werden?" Oder „Gehen Frauen anders fremd als Männer?" un denn natürlich „Diese Handyfallen lauern beim Fremd-sex". Tja, de fremdgohn will, de mutt oppassen. Denn wenn dat rutkümmt, denn is dat mit de Ehe meist gau vörbi. Un dat heet denn ja, dat sick noch veel mehr Minschen scheden loten wurrn, wenn all de Frömdgoheree rutkomen dee. Dorum gifft dat ook ja de teihn Geboten von dat Frömdgohn. To'n Bispill:
Du schasst de Snuut hooln.
Bi di dröövt dien Partner nix finnen (Hoor/Knutschflecken usw.)
Nich mit Bekannte frömdgohn, dat snackt sick rum usw.
Un för all dat gifft dat in't Internet genaue Anwiesungen. In't Internet gifft ja för allens Tipps: Wie stelle ich meinen Digitalwecker ein? Wie wechsle ich beim VW Polo die linke Standlichtbirne aus und Wie gehe ich erfolgreich fremd?

Of dat overs wohrhaftig an't Internet liggt, weet ick nich. Ick weet blots, dat mien Fro un ick al ...dit Johr ...also wi sünd al över 30 Johr verheiroot un dorum heff ick kortens noch to mien Fro seggt: Du, ick finn, wi treckt dat nu dör – ohn Frömdgohn. Jo, sä mien Fro, du treckst dat nu dör.

## Herr un Hund

Wi hefft ja twee Hunnen. De tweten al. Also wi hefft to'n tweedten Mol twee Hunnen. De eersten beiden hefft wi 14 Johr hadd. Hunnen höört to us Familie dor eenfach so mit to. De liedt, wenn us dat nich goot geiht, un wi mookt us Sorgen, wenn de Hunnen wat fehlt. Wat hett Heinz Rühmann mol seggt: Man kann auch ohne Hund leben, aber es lohnt sich nicht. Stimmt. Friedrich der Große, de harr ook wat för Hunnen över. He hett mol seggt: Je mehr ich von den Menschen sehe, um so lieber habe ich meinen Hund. Klor, de Grode Fritz op dat Schloss Sanssouci mit all dat Volk, dat um em to weer, de Deners un Diplomaten. Ick kann mi goot vörstellen, dat em all dat vörnehm Gedo op'n Wecker fullen is. Blots sien Hund, de bleev jümmers so as he weer: Eenfach un liekut. Op dien Hund, dor kannst du di verloten, de is tro un ehrlich un verlett di nie. Kiek mol, wenn ick morgens upstoh, denn töövt de Hunnen doch al up mi. Un freit sick, wenn se mi seht – un ick ehr wat to eten geev. Un se freit sick noch veel mehr, wenn ick denn de

Lienen in de Hand nehm un mit ehr no buten goh. Un wenn du ünnerwegens Lüüd dropen deist, de ook mit ehrn Hund spazeern goht, denn hefft de Minschen wat, wo se över snacken köönt un de Hunnen hefft wat, wo se an rüken köönt. Doch dat schöönste is ja, wenn ick ovends no Huus koom. De beiden Hunnen kennt ja de Tiet, de weet, wenn ick Fierovend heff. Un wenn ick denn mit mien Auto in use lüttje Siedelstroot rinfohren do, denn geiht ja dat Hulen al los. Denn bringt de sick um. Für seinen Hund ist jeder Mensch ein Napoleon, hett de Schriever Aldous Huxley mol seggt. Dorto fallt mi jümmers een Geschicht von Klein Erna in. Klein Erna ehr Noversche, Fro Puvogel, de hett ja ook een lütten Hund, un Fro Puvogel meent ja, dat Hunnen veel beter sünd as Minschen. Denn wenn se no Huus kümmt, denn kann de Hund sick vör Freid meist nich loten. Un denn kann das angehn, seggt Fro Puvogel, dass er auch schon mal auf'n Teppich püschert. Können Sie sich das bei ein Menschen vorstellen?

## Wat denkt mien Hund von mi?

Wenn ick ovends so in'n Sessel sitt un de Zeitung lees oder Rodio höör oder Fernseh kiek – denn liggt de Hund in sienen Korv un kickt mi an. Un denn froog ick mi: Wat denkt de Hund von mi? Dat denk ick wohrhaftig. Is em dat t.B. egol, of ick lees oder Musik höör? Wat mag he lever: Jazz oder Klassik?

Ick heff dat Geföhl, em is dat egol, denn no 5-10 Minuten slöppt he in. Un denn dröömt he. He tuckst so mit de Been un rullt mit de Ogen un af un an bleekt he ook: Wuffwuff. Wuffwuff. Joogt he denn achtern Kanink an oder balgt he sick mit'n Katt? Tja, dat sünd Frogen.

De Hund is ja jümmers an mien Siet. Dat is so sien Oort. Wenn ick upstoh, denn deit he dat ook. Goh ick in'n Goorden, he is dor bi un wenn ick in de Köök togang bün, denn sünd sien Ogen wiet open un de Ohren stoht piel umhooch. Doch dat mag ick gor un segg: Platz! Un denn is he mucksch un sluurt retour in sienen Korv. Noch slimmer is dat för em, wenn ick denn mit mien Ovendbroot retour in de Stuuv koom un mi wedder in mienen Sessel sett. Jeden Happen kickt he mi in'n Mund rin. Doch ick bün ja stuur – he kriggt nix af. Dat kann ick nich hebben, disse Bedelee. Doch he kickt mi mit sien groden dunkeln Ogen an un denn slappt he, un he sabbert.

Wat he nu woll denken deit? De Welt is ungerecht? Mien Herrchen denkt blots an sick sülvst? Wust is wat för Hunnen, nich för Minschen? Tja. Heff ick mien Ovendbroot up, denn gifft mien Hund ook up. De Ohren klappt he wedder dool, de Ogen ward em swoor un denn slöppt he in – un dröömt. Wuffwuff un he tuckst wedder mit de Been un lett af un an ook al mol de witten Tähnen sehn. Ja. Un denn weet ick, wat los is. He dröömt, dat he von sien Kasten upspringt, mi in't Been bitt, dat mi de Kees, de Wust un de

Schinken ut de Hand fallt un he dat to een Mol doolworgen kann. Wo ick dat so genau von weet? Dat wurd ick doon, wenn ick mien Hund weer.

## Souvenirs

Ick mag dat gor nich luut seggen, overs wi hefft ünnen in'n Keller een Kist, wo wi all de Souvenirs in verwohrt, de wi so över de Johren kregen hefft. Wandtellers ut Frankriek, Sponien un de Türkei; dreemol den Eiffeltoorn, tweemool den scheven Toorn von Pisa un eenmol de Akropolis. Sneekugeln hefft wi woll teihn Stück un just so veel verzeerte Tinnlöpel. Schöön sünd ja ook de Kortenspele. Ut Ägypten – ganz harmlos – mit Tutenchamun un Kleopatra un ut Grekenland – echt wat för't Oog – mit Swienkroombiller. Dat all hefft us Novers, Frünnen un Bekannten in de letzten Johrn von ehr Urlaubsreisen mitbröcht. Un wenn wi denn sülvst ut'n Urlaub retour koomt, denn hool ick de Kist ut'n Keller un wi överleggt, wecke netten Lüüd wi mit wat beschenken willt. Is klor, wenn du in Italien ween büst, kannst du kien Eiffeltoorn verschenken un ook nich dat schöne Kortenspeel ut Grekenland. Un dorum bün ick ja so scharp up de Sneekugeln. De goht jümmers, egol wo du ween büst. Ick probeer de jümmers all ut un denn segg ick: Disse wunnerschöne Sneekugel, de is för Tante Else, de in de letzten twee Weken mol wedder so fein de Post

rinhoolt un de Blomen goten hefft – so as se dat al siet Johren deit. Dat geiht nich, seggt mien Fro, Tant Else kriggt jümmers een Sneekugel von us. Nich wohr. Letzt Johr hett se een Tinnlöpel kregen. Doch dat Johr dor vör weer dat een Sneekugel. Overs vör veer Johr weer dat wedder een Tinnlöpel.
Just in de Momang güng dat Telefon. Mien Cousin Henning. Hefft ji't al markt? Nee, wat markt? Na, jo'e Postkasten is seker bit boben hen vull un een poor von de Blomen sünd seker ook verdröögt. Mien Fro kickt um sick to. Stimmt? Is wat mit Tant Else? Jo, se wull boben ut ehr Stuvenschapp wat rutholen, doch as de Schappdöör open mookt hett, is se ünner een Lawin ut Sneekugeln un Tinnlöpel begroven worrn. Hefft ji'n Ohnung, wo se de all her hett?
Nee, Henning, dat weet ick nich. Wi bringt von us Urlaubsreisen grundsätzlich kiene Souvenirs mit.

# Quellen

Wat ick nich utstohn kann; Oma ehrn 80sten; Opa - *aus „Nich mit mi!"*

Heff di man nich so!; Oma ehr Schötteldook; De Dood; Geven is seliger...; As Vadder verseggt; Klassentreffen - *aus „Goh mi af!"*

Füür; Huus mit Goorden; Wer den Pfennig nicht ehrt; Lüüs - *aus „Kattenschiet"*

Benehmen; Schoolmester - aus *„Wohr di weg!"*

De Büx is twei; Kuckuckskinner; Tunnelblick; Brikett; Sült; Frikadellen un Beer; „i" - *aus „Du kannst mi mol!"*

Fix inkopen; De swatte Placken; Leevst du noch oder weerst du al?; Platt; Dit & dat; Levensversekerung; Op'n Karkhoff - *aus „Ick will di de Wohrheit seggen!"*

Mien Leven; Parka; Mama; Dalla Dalla; Pole Pole; Mzungu - aus *„Allens logen"*

Cool un Sexy; Wat wullt du?; De ewige Leev; Herr un Hund; Wat denkt mien Hund von mi?; Souvenirs - *aus „Wat denkt mien Hund vun mi"*